AF452340

Catalogue Quatremère 1857

Mr. E. Quatremère, dont la mort a été annoncée dans les journaux quotidiens, avait formé une Bibliothèque dans toute l'acception du mot, une bibliothèque comme les savants en possédaient autrefois, où se trouvent réunis les ouvrages de fond, les grandes collections scientifiques et littéraires, les classiques de tous les pays, les chefs-d'œuvre de toutes les langues et une spécialité de livres et de manuscrits orientaux. Ajoutons que l'illustre académicien, par un goût naturel et un commun aux savants, avait toujours donné dans ses acquisitions la préférence aux beaux exemplaires et aux bonnes reliures.

La Bibliothèque a été acquise par le roi de Bavière pour la somme de 300 mille francs, il a été fait un choix des ouvrages qui convenaient le mieux et que la bibliothèque de Munich ne possédait pas, à la masse qui est restée à Paris on y a joint les doubles de cette Bibliothèque, parmi lesquels se trouvoit une quantité considérable d'immeubles inconnus en France.

Vente de Livres Doubles de la Bibliothèque de Munich.

La bibliothèque de Munich avait confié à l'honorable M. F. Butsch, Libraire à Augs=bourg, le soin de vendre une quantité considéra=ble de Doubles consistant surtout en raretés xylographiques et typographiques (1.) De mémoire de Libraire on n'avait vu en Alle=magne des Livres aussi remarquables et arrivant à des prix aux enchères aussi élevés. L'animation

---

(1). La bibliothèque de Munich est la plus impor=tante de l'Allemagne, tant à cause de ses richesses littéraires que par son organisation. Fondée par le Duc Albert V., de Bavière, au 16e siècle, elle ne comptait encore au commencement du 17e que 47,046. volumes. Ce fut l'électeur Ferdinand-Marie qui contraignit les Libraires à y faire le dépôt gratuit d'un exemplaire de tous les ouvrages édités par eux. Sous le roi Maximilien Joseph (1803), elle s'enrichit de toutes les collections des Couvents; mais c'est à Louis 1er que cet établissement fut le plus redevable, car c'est lui qui lui a fait ériger le splendide bâtiment que la bibliothèque occupe actuellement.

Le nombre des Livres imprimés y est de 800,000, dont 13,000 incunables, et 300,000 brochures; celui

était extrême; presque toutes les commissions importantes étaient sans limites; elles venaient surtout de la Russie et de l'Angleterre. Les florins allemands ont dû céder le pas aux guinées et aux roubles. La France a été aussi quelque part à ces dépouilles opimes (1). Voici quelques exemples de leur prix de vente d'après la <u>Gazette d'Augsbourg</u> du 9 mai et d'après nos propres renseignements:

...des manuscrits de 220,000. Une commission composée de savants et d'hommes compétents (1814) a fait elle-même la division des matières, au nombre de douze, qui se subdivisent à leur tour en 180 catégories. Il entre tous les ans à la bibliothèque de 2 à 3,000 volumes; le nombre des lecteurs y est de 6,000; celui des livres communiqués de 18,000 par année. En effet, de même qu'au <u>British Museum</u>, à Londres, on y est réduit qu'avec une boîte. Les ouvrages de littérature légère, d'agrément, voire même les traductions des classiques, les grammaires et autres livres qu'on peut se procurer facilement au dehors, n'y sont pas communiqués, la bibliothèque étant destinée uniquement pour les recherches sérieuses.

Cette disposition explique comment les employés ont su dresser l'excellent catalogue dont on se sert actuellement, et qu'on commençait déjà en 1813, comme formant une collection de 180 volumes in-folio. Le catalogue méthodique est en train; les manuscrits seront

Le *Cancionero* de Fern. Castillo, de 1527, à M. Quaritch, de Londres, pour 530 florins (environ 1134 fr.); *le Livre du concile de Constance*, de 1483, au même, pour 184 florins (environ 387 fr.); une édition du Dante, de 1481, à M. Garcia, de Londres, pour 235 florins, (environ 502 fr.); le *Catholicon* de Gutemberg, de 1460, sur papier, à M. Stargardt, de Berlin, pour 671 florins (environ 1435 fr.); le même sur parchemin, la perle de la vente, à M. Deschamps, de Paris, pour 4,410 florins, (environ 9437 fr.); le *Missale Ratisbonense*, de 1518, sur parchemin, à M. Boone de Londres, pour 710 florins (environ 1519 fr.); les deux poèmes *Parcival* et *Tyturell*, par Wolfram de Eschenbach, à M. Baer de Francfort, pour Saint-Pétersbourg, au prix de 246 florins (environ 526 fr.); Cicéron, *Officiorum Libri tres*,

decrits dans le catalogue raisonné. Le prêt des livres au dehors, interdit par Ferdinand, a été autorisé par le roi Maximilien-Joseph (1802), qui a aussi fixé les heures de séance de huit heures à une heure, et la fermeture annuelle pour le reclassement des livres ou la réparation des volumes endommagés pendant l'année du 1er septembre au 15 octobre.

(1) En effet, M. Techener s'est rendu acquéreur de plusieurs ouvrages, entre autres, de l'*Apocalypse de saint Jean*, volume xylographique de la plus grande rareté, au prix de 3,021 fr. Le fameux *Catholicon* sur vélin a été acheté pour M. Solar, environ 9,437 fr.; la Bible mazarine a été vivement disputée à M. Baer par M. A. Didot.

de 1465, sur parchemin ; à M. Asher, de Berlin ;
pour 910 florins (environ 1,175 fr.) ; l'*Historia seu
providentiae Virginis Mariae ex Cantico Canticorum*,
impression xylographique, à la Bibliothèque Impé-
-riale de Saint-Pétersbourg, pour 1255 florins (environ
2685 fr.) ; le *Ars memorandi par figuras Evangelis-
-tarum*, impression xylographique, au M. Asher de
Berlin, pour 725 florins (environ 1551 fr.) ; *Historia S.
Joannis evangelistae ejusque visiones apocalyticae*,
impression xylographique, à M. Windprecht (com-
-mission de Paris (1), pour 1412 florins, environ 3,021 f.
la Bible de Mayence ou *Bible mazarine*, à M.
Boer, pour Saint-Pétersbourg, au prix de 2,336 florins,
(environ 5,000 fr.), bien qu'elle fût un peu mouillée,
et attaquée par les vers ; la traduction allemande
de la première lettre de Christophe Colomb, 1497, pour
170 florins (environ 360 fr.), à M. Vivey de Paris ; la
Biblia Saxonica in fürint, de 1180 pour 115 florins
(environ 260 f.) ; au même ; l'*Imitation* de 1471, au
même, pour 100 florins (environ 210 fr.) ; — La somme
totale produite par les Doubles de la Bibliothèque de
Meerman, qui comprenaient 850 numéros, s'est élevée
à plus de 70,000 fr. Voilà certes un exemple fort en-
-courageant pour les autres bibliothèques. Il y a là
double profit : celui de la bibliothèque qui cède ce qu'elle

(1) Acheté pour M. Techener, libraire, et revendu depuis
à M. Ambroise Firmin-Didot.

à de trop, et celui des bibliothèque qui s'enrichis-
sent de ce qui leur manque.

Ch. Daremberg.

Bibliothèque de Munick (vente des doubles de la) avec ceux de la Bibliothèque Quatremère

On sait que la Bibliothèque royale de Munick vient de faire une vente de ses exemplaires doubles les plus curieux, donnant ainsi un exemple qui pourrait être suivie par d'autres établissements du même genre.

La Bibliothèque de Munick est la plus importante de l'Allemagne, tant à cause de ses richesses littéraires que pour son organisation. Fondée par le duc Albert V de Bavière, au seizième siècle, elle ne comptait encore au commencement du dix-septième siècle que 17,046 volumes. Ce fut l'électeur Ferdinand-Marie qui contraignit les libraires à y faire le dépôt gratuit d'un exemplaire de tous les ouvrages édités par eux. Sous le Roi Maximilien-Joseph (1803) elle s'accrut de toutes les collections des couvents; mais c'est à Louis Ier que cet établissement doit le plus redevable, car c'est lui qui a fait ériger le splendide bâtiment que la bibliothèque occupe actuellement. Le nombre des livres imprimés y est de 800,000 dont 13,000 incunables, et 300,000 brochures; celui des manuscrits de 220,000. Une commission de savants et d'hommes compétents (1814) à fait elle-même la division des matières, au nombre de 12, qui se subdivisent à leur tour en 180 catégories. Il entre tous les ans à la bibliothèque de 2 à 3,000 volumes; le nombre des lecteurs y est de 6,000; celui des livres communiqués de 18,000 pour année. En effet, de même qu'au <u>British Museum</u> à Londres, on n'y est admis qu'avec une carte. Les ouvrages de littérature légère, d'agrément, voire même les traductions des classiques, les grammaires et autres livres qu'on peut se procurer facilement au dehors, n'y sont pas communiqués, la bibliothèque étant destinée uniquement pour les recherches sérieuses. Cette disposition explique comment les employés ont pu dresser l'excellent catalogue dont on se sert actuellement, et qu'on annonçait déjà en 1813 comme devant former une collection de 180 volumes in-folio; le catalogue méthodique est en train; les manuscrits seront décrits dans des catalogues raisonnés. Le prêt des livres au dehors, interdit par Ferdinand, a été autorisé par le roi Maximilien-Joseph (1802), qui a aussi fixé les heures de séance de huit heures à une heure, et la fermeture annuelle pour le reclassement des livres ou la réparation des volumes endommagés pendant l'année; du 1er septembre au 15 octobre.

Extrait de la revue critique des livres nouveaux
Juillet 1858.

BIBLIOTHÈQUE QUATREMÈRE.

CATALOGUE

D'UNE COLLECTION DE LIVRES PRÉCIEUX ET IMPORTANTS
PROVENANT POUR LA PLUPART DE LA BIBLIOTHÈQUE DE
FEU M. ÉTIENNE QUATREMÈRE DE L'INSTITUT.

RÉDIGÉ PAR

M. CH. HALM,

CONSERVATEUR EN CHEF DE LA BIBLIOTHÈQUE ROYALE DE MUNICH.

PREMIÈRE PARTIE :
NUMISMATIQUE. ARCHÉOLOGIE. EPIGRAPHIE. ART MODERNE.

DONT LA VENTE AURA LIEU A PARIS.

Le jeudi 25 Novembre 1858 et jours suivants.

A sept heures précises du soir,

MAISON A. FRANCK, RUE RICHELIEU, 67.

Par le ministère de Mᵉ BOULOUZE,
commissaire-priseur,
67 RUE RICHELIEU.

PARIS.
A. FRANCK, LIBRAIRE.
67 RUE RICHELIEU.

J'ai l'honneur de Saluer
M. Silvestre, en le priant
de remettre a la porteuse de
ce billet les livres dont il
peut avoir fait l'acquisition
pour mon compte

Quatremère

N° 35
1 v. Bhâguât geeta ———— 2

T 109 Institutions de l'Univers 11-65

N° 36
1 v Le Coran ———————— 9

N° 4
2 vol horne on the psalms 5-

N 33 ——————————— 6

1184 ———————————— 2-50

à Monsieur

Monsieur Silvestre, fils
Libraire.

Avertissement.

La collection de livres provenant de la succession de feu M. Etienne Quatremère, forme incontestablement une des plus belles et des plus riches bibliothèques que jamais particulier ait eu en sa possession. La beauté presque générale des exemplaires, la richesse infinie dans presque toutes les branches des lettres et des sciences, font de ce vaste ensemble une oeuvre digne, sous tous les rapports, d'exciter la plus vive et la plus profonde admiration. En examinant ce précieux trésor bibliographique, fruit des efforts persévérants et des recherches infatigables d'un grand savant, on ne saurait se défendre d'un sentiment de surprise à la pensée des immenses connaissances que demandait la formation d'une collection vraiment prodigieuse dans le cours d'une existence si laborieuse et si féconde.

Chose curieuse pour quiconque a été à même de voir en détail cette grande bibliothèque! M. Quatremère semble avoir été sous l'empire d'une préoccupation exclusive et irrésistible, celle d'acquérir des ouvrages rares et des éditions recherchées. Cette passion était portée chez lui à un tel degré d'intensité, qu'il ne pouvait s'empêcher d'acheter tout exemplaire précieux qui lui tombait sous la main, comme si, en s'appropriant tous les exemplaires trouvables d'un ouvrage rare, il n'avait eu en vue que d'en augmenter la valeur. Il y a dans sa bibliothèque au moins trois ou quatre mille ouvrages à deux ou plusieurs exemplaires de la même édition.

Les bibliophiles lui en seront reconnaissants et lui pardonneront cette heureuse originalité qui leur fournit l'occasion d'enrichir leurs collections de la surabondance de la sienne. L'acquisition de la bibliothèque intégrale de feu M. Quatremère a considérablement augmenté non seulement le département des manuscrits, mais aussi celui des imprimés de la bibliothèque royale de Munich dans toutes ses catégories; néanmoins les doubles acquis forment à eux seuls une bibliothèque tellement étendue qu'on ne se doute presque pas qu'elle ait déjà été considérablement réduite. Mais, grâce à la multiplicité des exemplaires d'une foule d'ouvrages de la bibliothèque de M. Quatremère, nous avons le plaisir d'offrir aux amateurs l'occasion de se procurer aussi un grand nombre de ces ouvrages qui nous manquaient et dont nous nous sommes nous-mêmes enrichis.

D'ailleurs pour rendre nos ventes plus intéressantes encore, nous ajouterons aux différentes catégories qu'elles embrassent, des exemplaires du fond des doubles de notre bibliothèque, surtout une quantité d'anciens ouvrages rares, pour relever et compléter une spécialité qui dans la bibliothèque de M. Quatremère paraît être comparativement la plus faible.

Nos doubles formeront quatre ventes qui comprendront des ouvrages relatifs aux spécialités ci-dessous indiquées.

Première vente:

> Numismatique — Archéologie — Epigraphie — Art moderne.

Seconde vente:

> Encyclopédie — Histoire littéraire — Philosophie — Histoire naturelle — Belles-lettres (littérature française, italienne, anglaise, espagnole, portugaise, alle-

mande, littérature du nord) — Choix d'auteurs grecs et latins — Incunables et livres curieux — Livres imprimés sur vélin — Xylographes.

Troisième vente:

Théologie avĕc une grande collection de bibles — Lĕs littératures orientales — Linguistique comparée et langues modernes.

Quatrièmĕ vente:

Philologie grecque et latine (auteurs, dictionnaires, grammaires) — Antiquités — Histoire — Géographie — Voyages (grande collection relative à la Terre sainte, la Russie, la Pologne, l'Amérique) — Jurisprudence — Mélanges.

C'est un fait accidentel si nous commençons par un catalogue si .peu étendu, quoique ces ventes embrasseront plus de dix mille ouvrages. A l'inspection des cartes de livres levées et classées d'après le système adopté, nous nous sommes aperçus qu'en ne faisant que trois ventes, comme nous en avions l'intention, la dernière comprendrait un nombre d'ouvrages trop considérable. Pour remédier à cet inconvénient nous avons jugé à propos d'en défalquer un certain nombre d'ouvrages se rapprochant entr'eux par leur contenu, et d'en faire l'objet d'une vente à part. Il y a en cela un double avantage. D'abord il nous a été permis de commencer les ventes plus tôt, et nous avons été à même, ce qui intéressera davantage les bibliophiles, de joindre à la seconde vente un choix encore plus considérable d'ouvrages rares et précieux.

Nous croyons inutile de signaler et de recommander d'une manière particulière à l'attention des érudits quelques-uns des ouvrages consignés dans ce premier catalogue. Qu'il nous suffise de dire que les connaisseurs y trouveront peu d'ouvrages qui aient peu de valeur, qu'il s'y rencontre un grand nombre de chefs-d'oeuvre et que presque tous les exemplaires sont parfaitement bien conservés.

Si l'on veut bien tenir compte de la prodigieuse quantité de livres que nous avions à classer et à décrire, aussi bien que du court espace de temps qui s'est écoulé depuis l'acquisition de la bibliothèque de M. Quatremère, on sera plus disposé à nous pardonner quelques omissions là où l'on s'attendait peut-être à des descriptions plus détaillées. Il ne faut pas oublier non plus que la plupart des doubles que nous allons mettre en vente sont restés à Paris, et que la composition des catalogues a eu lieu à Munich sur des cartes levées à Paris, ce qui, en cas de doute, entravait notablement les rectifications. Cependant il n'y a peut-être pas de présomption de notre part d'espérer que les livres sont décrits d'une manière assez exacte et assez complète pour qu'il soit possible de les reconnaître sans difficulté. Nos notices littéraires et bibliographiques auraient d'ailleurs été plus nombreuses et plus étendues, si nous avions eu plus de temps pour le travail pénible des catalogues.

Munich, le 12 Sept. 1858.

Charles Halm,

Conservateur en chef de la Bibliothèque royale
de Munich.

I. Numismatique.

1. **Adler** (Jac. G. Christ.). Museum cuficum Borgianum Velitris. Romae 1782, et Altonae 1795. Ens. 2 vol. in-4,
avec pl., v. rac. fil. dent.
   La deuxième partie de cet ouvrage estimé est rare en France.

2. **Aes (l') grave** del museo Kircheriano, ovvero le monete primitive de' popoli dell' Italia media ordinate e
descritte. Roma 1839, in-4, br.

3. **Agostini** (Ant.). Dialoghi sopra le medaglie, iscrizioni, e
altre antichità; tradotti da lingua spagnuola in italiana da
D. Sada. Roma 1698, in-fol., fig. parch.

4. **Agricolae** (G.) de mensuris et ponderibus Romanorum
et Graecorum libri V. Basileae 1550. = H. L. Glareani
liber de asse et partibus eius. Basil. 1550, en 1 vol.
in-fol., peau de truie.

5. **Alfabeto** (del) y lengua de los Fenices y de sus colonias,
para ilustracion de un lugar de Salustio. Madrid 1772,
in-fol., fig. et pl. 40 pp.
   Ce traité fait suite à la traduction espagnole des oeuvres
de Salluste, Madrid 1772.

6. **Alkemade** (Kornelius van). De goude en zilvere gang-
baare Penningen der Graaven en Graavinnen van Holland.
Delft 1700, in-fol., avec beaucoup de pl. vél.

7. **Ansehnlicher** Vorrath von Thalern und Schaustücken
des Landgräflich - Hessischen Gesamthauses. Regensburg
1776, in-8, fig. et pl. bas.

8. **Aquilae** (Jo.) opusculum de potestate et utilitate monetarum. Oppenheim 1516, in-4, fig. en bois sur le frontispice, demi-parch.

9. **Arneth** (Jos.). Synopsis numorum graecorum qui in museo Vindobonensi adservantur. Vindobonae 1837, in-4. br.

10. **Bandurii** (Ans.) bibliotheca nummaria sive auctorum qui de re nummaria scripserunt recusa atque dissertationibus praemissa cur. J. A. Fabricio. Hamb. 1719, in-4, avec 5 pl. cart.
   Les dissertations forment la seconde partie de l'ouvrage.

11. **Banduri** (Ans.). Numismata imperatorum Romanorum a Trajano Decio ad Palaeologos. Paris, 1718, 2 vol. in-fol., fig. v. gr.

12. **(Baudelot).** Reflexions sur les deux plus anciennes médailles d'or Romaines. Paris 1720, in-4, mar. r. fil. *(armoiries)*.

13. **Bauer** (G.). Auserlesene Neuigkeiten für alle Münzliebhaber. Nürnberg 1769—71, in-4, 20 pièces en 1 gros vol. avec pl. dem. vél. à coins. *(complet)*.
   C'est une espèce de revue numismatique.

14. **Bayeri** (Theoph. Sigefr.) Historia Osrhoëna et Edessena ex nummis illustrata. Petropol. 1734, in-4, pl. v. f. fil. dent.
   Très joli exemplaire.

15. **Bayeri** (Th. S.) de numis Romanis in agro Prussico repertis commentarius. Lips. 1722, in-4, br. *(Rare)*.

16. **Bayeri** (Franc. Perezii) de numis Hebraeo-Samaritanis. Valentiae-Edet. 1781. = Ejusdem, Numorum Hebraeo-Samaritanorum vindiciae. ibid. 1790. Ens. 2 vol. pet. in-fol., portr. et planch. v. rac. dent. tr. dor.
   Très bel exemplaire.

17. **Bayeri** (Fr. Per.) de numis Hebraeo-Samaritanis. Valentiae-Edet. 1781, pet. in-fol., fig. v. f. fil.

18. Ejusdem, Numorum Hebraeo-Samaritanorum vindiciae. Valentiae 1790, pet. in-fol., fig. cart. non rog.

19. **Bellini** (Vinc.) de monetis Italiae medii aevi hactenus non evulgatis dissertatio. Ferrariae 1744, in-4, fig. br.

20. **Benedictus** (Ant.). Numismata graeca non ante vulgata, quae A. Benedictus e suo maxime et ex amicorum museis selegit subjectisque Gasp. Oderici animadversionibus suis

etiam notis illustravit. Romae 1777, in-8, fig. dem. cuir de Russie.

21. **Beyschlag** (D. E.), Versuch einer Münzgeschichte Augsburgs in dem Mittelalter. Stuttgart 1835, in-8, avec 8 pl. dem. cuir de Russie à coins.

22. **Biel** (Gabr.). Tractatus de potestate et utilitate monetarum. s. l. ni d. in-4, fig. en bois sur le frontispice, br.

23. **Bizot** (P.). Histoire métallique de la république Hollande. Amsterd. 1688, in-8, pl. 2 vol. vélin. *(armoiries)*.

24. **Blau** (E. O. F. H.) De numis Achaemenidarum Aramaeo-Persicis. Lipsiae 1855, in-4, br.

25. **Bonanni** (Phil.) Numismata summorum pontificum templi Vaticani fabricam indicantia. Romae 1696, fig. = Ejusd. Numismata pontificum Roman. a tempore Martini V usque ad an. 1699. ib. 1699, fig. 2 vol. in-fol., peau de truie.

26. **Bosset** (C. P. de). Essai sur les médailles antiques de Céphalonie et d'Ithaque. Lond. 1815, in-4, cart.

27. **Broderi** (Thomae) specimen antiquae rei monetariae Danorum. Hafniae 1701, in-4, fig. et pl. br. *(Rare)*.

28. **Budaei** (Gul.) de asse et partibus eius libri V. Paris. in aedibus Ascensianis, 1514, in-fol., peau de truie.
      Exemplaire parfaitement conservé.

29. **Budelli** (Reneri) de monetis et re numaria libri duo. Col. Agripp. 1591, 2 tomi. = De monetis et re numaria varii tractatus. Col. Agr. 1591, en 1 vol. in-4, vélin.

30. **Burckhard** (Jo. Heinr.). Numophylacium Burckhardianum. Wolfenbutteli et Lips. 1740, 2 tomes en 1 vol. in-4, dem. vél. à coins.
      Bel exemplaire sur grand papier.

31. **Cadalvène** (Ed. de). Recueil de médailles grécques inédites. Paris, Debure, 1828, in-4, fig. dem. cuir de Russie.

32. **Capelli** (Jac.) de ponderibus, nummis et mensuris libri V. Francof., imp. L. Hulsii, 1606, in-4, fig. v. gr.

33. **Cary.** Histoire des rois de Thrace et de ceux du Bosphore Cimmérien éclaircie par les médailles. Paris, 1752, in-4, pl. bas.

1*

34. **Corsini** (Ed.) de Minnisari aliorumque Armeniae regum nummis et Arsacidarum dissertatio. Liburni 1754, in-4, parch.

35. **Cousinéry.** Essai historique et critique sur les monnaies d'argent de la ligue Achéenne. Paris 1828, in-4, fig. dem. mar. vert.

36. **Debiel** (Lud.). Utilitas rei numariae veteris compendio proposita. Accedit appendicula ad numos coloniarum per Vaillantium editos. Norimbergae 1733, in-8, 2 pl. bas. = Eiusdem appendicula ad numos Augustorum et Caesarum, ab urbibus graece loquentibus cusos, quos Vaillantius collegerat. Viennae 1734, in-8, avec pl. bas.

37. **De nummis** patriarcharum Aquilejensium dissertatio altera. Venetiis 1749, in-8, bas.

38. **Descrizione** di alcune monete cufiche del museo di Stefano de Mainoni. Milano 1820, in-4, fig. demi-v. ant.

39. **Doederlini** (J. A.) commentatio historica de numis Germaniae mediae, quos vulgo bracteatos et cavos adpellant. Norimbergae 1729. = G. Rhonii exercit. hist. de Johanneis Vratislaviensibus. Vratislav. 1693. = Nic. Seeländer, Zehen Schriften von teutschen Müntzen mitlerer Zeiten. Hannover 1743, in-4, avec 13 pl. en 1 vol. parch.

40. **Dudik** (B.). Des hohen deutschen Ritterordens Münz-Sammlung in Wien. Mit steter Rücksicht auf das Central-Archiv des hohen Ordens geschichtlich dargestellt und beschrieben. Mit 21 Kupfer- und 1 Holztafel. Wien 1858, gr. in-4, br. non rog.
    Ouvrage d'une exécution magnifique.

41. **Du-Fresne** (Car. dom. Du-Cange) de imperatorum Constantinopolitanorum numismatibus dissertatio. Romae 1755, in-4, avec 11 pl. dem. mar. r. à coins.

42. **Dutens** (L.). Explication de quelques médailles grécques et phéniciennes avec une paléographie numismatique. 2. éd. Londres 1776, in-4, avec 9 pl. cart. n. r.
    Ex. sur pap. holl.

43. **Eckhel** (Jos.). Kurzgefasste Anfangsgründe zur alten Numismatik. Wien s. d. in-8, avec 6 pl. br. n. r.

44. **Eckhel** (Jos.). Catalogus musei caesarei Vindobonensis numorum veterum. Viudob. 1779, 2 vol. in-fol., fig. v. gr.

45. **Eckhel** (Jos.). Doctrina numorum veterum. Vindobonae 1792—1797, 8 vol. in-4, demi-rel.
   Exemplaire de Raoul-Rochette avec notes manuscr. de E. Q. Visconti.

46. Le même ouvrage, v. gr. *(Bel exemplaire).—*

47. **Eckhel** (Jos.). Sylloge I. numorum veterum anecdotorum thesauri caesarei. Viennae 1786, in-4, avec 10 pl. cart.
   Il n'a paru que ce premier recueil.

48. **Eckhel.** Manuale doctrinae numorum veterum a cel. Eckhelio editae, a F. Caronno in compendium redactae. Romae 1808, in-8, bas.

49. **Eisenschmidi** (J. C.) de ponderibus et mensuris veterum Romanorum nec non de valore pecuniae veteris disquisitio. Argent. 1708, in-8, pl. v. f. fil. dent. tr. dor.

50. Le même ouvrage, vél.
   Exemplaire de G. Wiegcrus avec ses notes ou additions.

51. **Epistola** de nummis aliquot acreis uncialibus. Romae 1778, in-4, avec 40 pl. cart.

52. **Erizzo** (Seb.). Discorso sopra le medaglie antiche. Venet. 1559, in-8, avec fig. br.
   Première édition de ce livre très-rare.

53. Le même ouvrage. Vinegia, 1568 in-4, avec fig. peau de truie.

54. **Erro y Azpiroz** (J. B.). Alfabeto de la lengua primitiva del España, y explicacien de sus mas antiguos monumentos de inscripciones y medallas. Madrid 1806, pet. in-4, 13 pl. bas.

55. **Fleurimont** (G. R.). Médailles du règne de Louis XV. s. l. ni d., gr. in-4, fig. cart.

56. **Florez** (el P. Henrique). Medallas de las colonias, municipios y pueblos antiguos de España. Madrid 1757—73, 3 vol. in-4, avec cartes et pl. bas. m.

57. **Fræhnii** (C. M.) de numorum Bulgharicorum forte antiquissimo libri duo. Casani 1816, in-4, avec 1 pl. br.

58. **Fræhnii** (C. M.) de Academiae imperialis scient. Petropol. museo numario muslemico prolusio prior. Petropoli
1818, part. I. ═ Ejusdem novae symbolae ad rem numariam **Muhammedanorum**. ibid. 1819, avec 5 pl. ═
Ejusdem antiquitatis Muhammedanae monumenta varia.
ibid. 1820, part. I. En 1 vol. in-4, cart.

59. **Fræhnii** (C. M.) de Academiae imperialis scientiarum Petropolitanae museo numario muslemico prolusio prior.
Petropoli 1818, in-4, cart.

60. **Frähn** (C. M.). Beiträge zur Muhammedanischen Münzkunde aus St. Petersburg. Berlin (1818), in-4, avec 1
pl. cart.

61. **Frähn** (C. M.). Das Muhammedanische Münzkabinet des
asiatischen Museums der kais. Akad. zu St. Petersburg.
St. Petersburg 1821, in-8, d. v. f. à coins.

62. **Frähn.** Die Münzen der Chane vom Ulus Dschutschi's
oder von der goldenen Horde. St. Petersburg 1832, in-4,
avec 17 pl. dem. cuir de Russie à coins.

63. **Fræhn.** Numi Kufici ex variis museis selecti. Petropoli
1823, in-4, 4 pl. br.

64. **Fræhn.** Numi Muhammedani, qui in Acad. imp. scientiarum Petropolitanae museo asiatico asservantur; auspiciis
acad. digessit, interpretatus est, prolegomenis et commen-
tario palaeographico - philologico - historico illustravit etc.
Tom. I. recensionem omnium musei asiat. numorum Muhammedanorum continens. Petropoli 1826, in-4, v. gaufr.
fil. dent. à fr. (*Duplanil*).

65. **Freheri** (Marqu.) de re monetaria veterum Romanorum
et hodierni apud Germanos imperii libri II. **Lugd. 1605.**
═ Nic. Oresmii tractatus de origine et jure monetarum.
s. l. ni d. ═ Casp. Waseri de antiquis numis Hebraeorum, Chaldaeor. et Syrorum libri II. Tiguri 1605, in-4,
avec 1 pl. En 1 vol. peau de truie.

66. **Freheri** (Marqu.) de re monetaria veterum Romanorum
et hodierni apud Germanos imperii libri duo. Acc. N.
Oresmii de origine et potestate monetarum. Lugd. 1605.
═ Ejusdem de secretis judiciis olim in **Westphalia** usi-

tatis. = Ejusdem decalogi orationis symboli Saxonica versio vetustissima notis exposita. 1610. = Baldi Bernardini de verborum Vitruvianorum significatione. Aug. Vind. 1612. En 1 vol. in-4, parch.

67. **Frœlich** (Er.). Notitia elementaris numismatum antiquorum illorum, quae urbium liberarum, regum et principum ac personarum illustrium appellantur. Viennae 1758, in-4, avec 21 pl. parch.

68. **Frœlich** (Er.). Notitia elementaris numismatum etc. Viennae 1758. = Ejusdem specimen archontologiae Carinthiae. Viennae 1758, 2 tomes avec 1 pl. En 1 vol. peau de truie.

69. **Frœlich** (Er.). Ad numismata regum veterum anecdota aut rariora accessio nova. Viennae 1755, in-4, avec 3 pl. = Ejusdem de familia Vaballathi numis inlustrata opusculum postumum. Adcedunt ejusdem adpendiculae duae ad numismata antiqua a Cl. Vaillantio olim edita editione altera restitutae cur. Jos. Khell. Vindob. 1762, in-4, 4 pl. br. Ensemble 2 vol.

70. **Giovanelli** (Bened.). Intorno all' antica zecca Trentina e a due monumenti Reti lettere tre. Trento, 1812, in-8. pl. et fig. br.

71. **Goldasti** (M.) Catholicon rei monetariae. Una cum chronologia omnium authorum, qui de re monetaria scripsere. Access. Collectanea monetaria ex documentis variis desumta. Francofordiae, 1662, in-4, br.

72. **Goltzii** (Huberti) Caesar Augustus, sive historiae imperatorum Caesarumque Romanorum ex antiquis numismatibus restitutae liber secundus. Accessit Caesaris Augusti vita et res gestae. Brugis 1574, 83 pl. = Imagines et elogia virorum illustrium et eruditorum ex antiquis lapidibus et nomismatibus expressa. Romae 1570, en 1 vol. in-fol., fig. peau de truie. *(Rare.)*

73. **Goltzii** (H.) Fasti magistratuum et triumphorum Romanorum ab urbe condita ad Augusti obitum ex antiquis tam numismatum quam marmorum monumentis restituti. Brugis 1566, in-fol., beaucoup de pl., peau de truie.

74. **Goltzii** (H.) Sicilia et magna Graecia sive historiae urbium et populorum Graeciae ex antiquis nomismatibus liber primus. Antverpiae 1617, 37 pl. et 2 cartes géogr. = Ejusdem Siciliae historia posterior sive eorum, quae post pacem sub Augusto partam usque ad hoc saeculum gesta sunt, compendiosa narratio. s. l. ni d., in-fol., v. marbré. *(armoiries)*.

La première partie de cet ouvrage se trouve par erreur placée à la suite de la seconde.

75. **(Grappin** Dom.). Recherches sur les anciennes monnaies du Comté de Bourgogne. Paris 1782, in-8, mar. rou. fil. tr. dor.

76. **Gronovii** (Jo. Frid.) de sestertiis seu subsecivorum pecuniae veteris Graecae et Romanae libri IV. Lugd. Bat. 1691, in-4, vél. cordé.

77. **Grotefend** (C. L.). Die Münzen der griechisch-phönicischen Könige von Baktrien und den Ländern am Indus. Hannover, 1839 in-8, avec 2 pl. dem. v. f.

78. **Gusseme** (Thom. Andr.). Diccionario numismatico general, para la perfecta inteligencia de las medallas antiguas. Madrid, 1773—77, 6 vol. pet. in-4. v. rac.

79. **(Hagen,** J. G. F. v.). Beschreibung derer Thaler des Hauses Mansfeld. Nürnberg, 1758, in-4. cart.

80. **Hager** (Jos.). Description des médailles chinoises du cabinet impérial de France, précedée d'un essai de numismatique chinoise. Paris, J. J., 1805, gr. in-4, pap. vél. cart.

81. **Harduini** (J.) chronologiae ex nummis antiquis restitutae prolusio de nummis Herodiadum. Paris. 1693. = P. Chr. Hanthaler exercitationes faciles de numis veterum pro tyronibus. Norimbergae 1735, 7 pl. = Dan. Ringmacheri tractatus historico-politicus de nummis. Lips. 1725. = M. Gottl. Wernsdorffii commentatio historica de regibus crinitis Francorum Merovingicae stirpis. Lips. 1742. 4 pièces en 1 vol. in-4, dem. rel.

82. **Hartzheim** (Jos.). Historia rei nummariae Coloniensis. Colon. 1754, avec 12 pl. = Précède: Aug. Aldenbrück

de religione antiquor. Ubiorum diss. Ed. 2. Colon. 1749, en 1 vol. in-4, bas. *(Armoiries)*.

83. **Havercamp** (Sig.). Dissertationes de Alexandri Magni numismate ut et de numis contorniatis. Lugd. B. 1722, in-4, fig. cart.

84. **Heller** (Jos.). Die bambergischen Münzen chronologisch geordnet und beschrieben. Bamberg, 1839 in-8, avec fig. br.

85. **Hemelarii** (Jo.) Imperatorum Romanorum a Julio Caesare ad Heraclium usque numismata aurea. Antverpiae, 1627 in-4, 32 pl. v. r. fil.
C'est la meilleure éd. de ce livre rare.

86. **Henischii** (G.) de asse et partibus eius. Aug. Vind. 1606. in-8. br.

87. **(Hœrii**, J. Gottfr.) Augusta numismata fide numorum, sigillorum, historicorum, chronologorum criticorumque sic recusa, ut sua cujusque Romani imperatoris facies accurate exprimatur et vita breviter narretur. Misenae (1743), pet. in-8, 29 pl. dem. vél. à coins. *(Armoiries)*.

88. **Hoffmann** (L. W.). Alter und neuer Münz-Schlüssel. Nürnberg, 1715, 3 tomes in-4, avec beaucoup de pl. == Verschiedene Müntz-Ordnungen, so von röm. kayserl. Mayestät, Chur-Fürsten etc. de anno 1676—1691 publiciret worden. s. l. ni d. avec beaucoup de pl., ensemble en 1 gros vol. vélin.

89. **Hoffmann** (L. W.). Gründlicher Bericht, unter was vor einem Kaiserthum oder Königreich die mancherley Arten der güld- und silbernen Müntz-Sorten geschlagen worden. Nürnberg, 1680 in-4, avec beaucoup de pl. dem. vél.

90. **Hulsius** (Lev.). XII primorum Caesarum et LXIII ipsorum uxorum et parentum ex antiquis numismatibus in aere incisae effigies. Spirae, 1599 in-4, fig. v. anc. rel.

91. **Imagines** illustrium. Romae ap. J. Mazochium 1517, avec beaucoup de portraits en bois. == Frossardi historiarum opus omne. Parisiis, 1537, en 1 vol. in-8, vél.

92. **Imagines** et vitae imperatorum Romanorum. Lugd. Bat. 1599 in-8, portraits en bois, vél. *(Armoiries)*.

93. (**Jobert** L.). La science des médailles. Nouvelle édition avec des remarques hist. et crit. Paris, 1739 in-12, 2 vol. mar. r. fil. dent. tr. dor.
    Très joli exempl.

94. Le même ouvrage, en 1 vol., dem. rel.

95. **Khevenhueller** (Franc. Ant. com. de). Regum veterum numismata anecdota aut perrara notis illustrata. Viennae s. d. pet. in-4, fig. v. m.

96. **Klein** (J. G. Fr.). Gründliche Anweisung zum Medaillen- und Münzcopiren. Berlin, 1754 in-8, cart.

97. **Kœhler's** (Joh. Dav.) Historische Muenz-Belustigungen. Nuernberg 1729—1765, 22 vol. avec 2 vol. de tables, portrait, fig. et pl. bas. *(Complet.)*
    Ouvrage très estimé, dont les exemplaires complets commencent à dévenir rares.

98. (**Krug**, V. Ph.). Zur Münzkunde Russlands, herausg. von der k. Akademie der Wissenschaften. St. Petersb. 1805, in-8, cart.

99. **Kundmann** (J. Chr.). Nummi singulares, oder sonderbare Thaler und Muentzen, so offt wegen einer kleinen Marque oder curieusen Historie etc. hochgeschaetzet werden. Bresslau 1731, 5 pl. = G. D. Seyler's Historische Nachricht von wahrsagenden Muentzen. Franckfurt 1733, in 1 vol. in-4, dem. vél. à coins.

100. **Kundmann** (J. Chr.). Nummi singulares, oder sonderbare Thaler und Muentzen etc. Bresslau 1734, 5 pl. = Ejusdem nummi jubilaei, oder Jubel Schau-Stuecke. Bresslau 1734, 4 pl. en 1 vol. in-4, dem. vél. à coins.

101. **Landi** (Constantii) in veterum numismatum Romanorum miscellanea explicationes. Lugduni, 1560 in-4, br.

102. **Leuckfeld** (Joh. G.) Antiquitates nummariae, oder historische Beschreibung vieler alten raren silbern Bracteaten und Blech-Müntzen. Leipzig 1721, 10 pl. v. rac. *(Bel exempl.)* = Desselben fernere historische Nachricht von unterschiedenen alten und raren silbern **Bracteaten** oder Blech-Müntzen. Halberstadt 1723, br. = Desselben kurze historische Nachricht von einem sehr raren u. schönen Merseburgischen Bracteaten. Halberst. 1723. br. Ens. 3 vol. in-4.

103. **Lexicon** abruptionum quae in numismatibus Romanorum occurrunt. Norimb. 1777, pet. in-8. dem. rel.

104. **Lochner** (Joh. Hier.). Sammlung merkwürdiger Medaillen. Erstes bis achtes Jahr, 1737 — 1744. *(complet.)* Nürnberg, 8 vol. in-4, fig. et pl., bas.
Le 1. vol. a une rel. un peu différente des autres vol.

105. **Longpérier** (Adr. de). Essai sur les médailles des rois Perses de la dynastie Sassanide. Paris 1840, gr. in-4, dem. rel.

106. **Lucius** (C. L.). Neuer Müntz-Tractat von approbirten und devalvirten Guldinern und andern Müntz - Sorten. Nürnberg, 1692 in-4, avec 109 pl. vél.

107. **Luckii** (Jo. Jac.) sylloge numismatum elegantiorum, quae diversi imperatores, reges, principes, comites, respublicae ab anno 1500 ad annum usque 1600 cudi fecerunt. Argentinae, 1620 in-fol., fig. vél.

108. **Luynes** (H. duc de). Essai sur la numismatique des satrapies et de la Phénicie sous les rois Achaeménides. Avec suppl. et pl. Paris, Firmin Didot frères, 1846. gr. in-4.

109. **Luynes** (duc de). Numismatique et inscriptions Cypriotes. Paris, Plon frères, 1852 in-4.

110. **Mader** (Jos.). Kritische Beyträge zur Münzkunde des Mittelalters. Prag, 1803 in-8, fig. 5 tom. en 4 vol. bas.

111. **Magnan** (Dom.). Bruttia numismatica, seu Bruttiae, hodie Calabriae, populorum numismata omnia. Romae, 1773 in-fol., 124 pl. bas. *(Bel exempl.)*

112. **Magnan** (Dom.). Lucania numismatica, seu Lucaniae populorum numismata omnia. Romae, 1775 in-4, 50 pl. bas.

113. **Mahudel.** Dissertation historique sur les monnoyes antiques d'Espagne. Paris, 1725 in-4, 4 cartes, 16 pl. dem. v. f.

114. **Marsden** (W.). Numismata orientalia illustrata. The oriental coins, ancient and modern, of his collection, described and historically illustrated. London, 1823—1825, 2 vol. in-4 avec pl. dem. cuir de Russie.
Vend. 86 fr. Rémusat, 99 fr. Klaproth.

115. **Marsden**. Le même ouvrage. Tome I. v. ant. fil. dent. à froid.

116. **Mayer** (Fr. Ant.). Einleitung in die alte römische Numismatik. Zürich, 1842 in-12, 3 pl. dem. cuir de Russie à coins.

117. **Médailles** sur les principaux événements du règne de Louis-le-Grand, avec des explications historiques. Paris, impr. roy. 1702, gr. in-fol.

118. **Médailles** sur les principaux événements du règne entier de Louis-le-Grand, avec des explications historiques. Paris, I. R. 1723, gr. in-fol.

119. **Médailles** ou souvenir des batailles et victoires des années 1812, 1813, 1814 et 1815, dessinées par le Comte F. Tolstoi, gravées en acier par Menzowy, publiées par la Société archéographique. St. Petersbourg 1838. Impr. du Minist. de la guerre, in-4, 20 pl. cart. *(Texte russe)*.

120. **Mikocki** (Léon). Catalogue d'une grande et très belle collection de monnaies et médailles Polonaises. Vienne, 1850 in-8, 5 pl. br.

121. **Millingen** (James). Considérations sur la numismatique de l'ancienne Italie. Florence, Molini, 1841, gr. in-8. dem. mar. vert.

122. **Mionnet** (T. E.). Description de médailles antiques, Grécques et Romaines, avec leur degré de rareté et de leur éstimation. Paris, 1808—1813, 6 vol. ═ Suppléments, 1819—37, 9 vol. ═ Recueil de planches, 1821. ═ Tables générales, 1837. ═ Poids des médailles d'or et d'argent du cabinet Roy. de France. Paris 1839. (Relié en 1 vol. avec la nouvelle édition, Paris 1837, du recueil de planches de la description de médailles antiques.) ═ De la rareté et du prix des médailles Romaines ou Recueil cont. les types rares et inédits des médailles d'or, d'argent et de bronze; sec. édit. Paris 1827, 2 vol. Ensemble 20 vol. sur pap. vél. v. rac. fil (le vol. qui cont. les tables broché).

Le 1er vol. de la description de médailles porte la date de 1822 et est une réimpression entièrement conforme à la 1ère édit. de ce vol. Le 2d vol. du même ouvr. est sur pap. ordinaire et a au commencement 5 feuillets raccommodés.

123. **Mionnet** (T. E.). Description de médailles etc. Tome I. Paris, 1813 in-8. br. n. r. sur pap. vél. *(épuisé)*.

124. **Mionnet** (T. E.). Description etc. Supplément. T. 7ème. Paris 1835, in-8. br. n. r.

125. **Monterchii** (J.) rariora maximi moduli numismata selecta ex bibliotheca Casp. Carpegnae. Amstelaedami 1685, pl. = J. P. Bellorii selecti nummi duo Antoniniani ex bibl. Camilli Cardinalis Maximi. Amstelaedami, 1685 in-16. pl. v. br.

126. **Morellii** (Andr.) specimen universae rei nummariae antiquae. Lips. 1695. avec pl. = Ez. Spanhemii ad A. Morellium epistolae quinque. Lips. 1695. en 1 vol. in-8. bas.

127. **Morgenstern** (Car.). Commentatio de numismate Basilii Tschernigoviae nuper effosso. 3 part. avec les supplémens. Dorpati, 1824—26 in-fol., 4 dissertations en 1 vol. cart.

128. **Museum Mazzuchellianum** seu numismata virorum doctrina praestantium, quae apud J. M. Mazzuchellum servantur, a P. A. de Comitibus Gaetanis edita. Venetiis 1761, in-fol., tom. I, avec 100 pl. cuir de Russie, fil. tr. dor. chiffres au dos. *(Armoiries.)*

129. **Neumann** (Fr.). Populorum et regum numi veteres anecdoti collecti ac illustrati. Vindobonae, 1779 in-4, dem. r.

130. **New Müntzbuch,** darinnen allerley gross unnd kleine, silberne und guldene Sorten furgestellt werden. München, 1597 in-fol., avec beaucoup de pl. cart.

131. **Noris** (F. Henr.). Annus et epochae Syro - Macedonum, in vetustis urbium Syriae nummis praesertim Mediceis expositae. Florentiae 1691, pet. in-fol., fig. vél.

132. **Notice** sur J. F. P. Fauris Saint-Vincens. Aix, 1800 in-4, fig. et pl. numism., dem. mar. r. à coins.

133. **Numismata graeca** non ante vulgata, quae Antonius Benedictus e suo maxime et ex amicorum museis selegit subjectisque Gasp. Odoricii animadversionibus suis etiam notis illustravit. Romae, ex off. Zempetiana, 1778 in-8, fig., cart. n. rog.

134. **Numismatique** du voyage du jeune Anacharsis par Landon et Dumersan. Paris, 1818, 8 fig., 2 vol. v. rac.

135. **Occo** (Ad.). Imperatorum Romanorum numismata a Pompeio Magno ad Heraclium: quibus insuper additae sunt inscriptiones quaedam veteres. Antverpiae, 1579 in-4, vél. *(Ex. interfolié).*

136. **Oleari** (Joh. Christ.) isagoge ad numophylacium bracteatorum, qua praestantia, usus et natura illorum succincte describitur. Jenae 1694, 2 pl. = Chr. Fr. Ruhe, Specimen philologiae numismatico - latinae primum et secundum. Francof. 1708, 1 pl. = Jo. Andr. Gleichi historia numismatum succincta imprimis de quibusdam nummis ob victorias navales olim a Turcis deportatas cusis. Lips. 1692, 1 pl. en 1 vol. in-4, dem. rel.

137. **Olshausen** (Justus). Die Pehlewî - Legenden auf den Münzen der letzten Sâsâniden, auf den ältesten Münzen arabischer Chalifen etc. Kopenhagen, 1843 in-8, avec 1 pl. cart.

138. **Parisii** (Prosp.) rariora magnae Graeciae numismata. Accur. J. G. Volckamero. s. l. 1683, in-fol., avec 13 pl. et cartes géogr. cart.

139. **Patin.** Thesaurus numismatum e musaeo Car. Patini. s. l. 1672, in-4, portrait, fig. v. br. *(Armoiries).*

140. **Patin** (Ch.). Histoire des médailles, ou introduction à la connaissance de cette science. Paris, 1695 in-12, fig. bas.

141. **(Pellerin**, Jos.). Recueil de médailles de rois, de peuples et de villes. 9 vol. y compris les suppléments et les lettres. Paris, 1762—70, in-4, fig. v. rac. fil.
    Voyez Brunet sur la distribution de cet ouvrage très estimé.

142. **(Pellerin).** Recueil de médailles de rois, qui n'ont point encore été publiées ou qui sont peu connues. Paris, 1762 in-4, dem. rel. = Lettres de l'auteur des recueils de médailles de rois etc. 1770 in-4, fig. v. rac.

143. **Pfau** (Casp. de). Catalogus numismatum antiquorum tam Graecorum quam Romanorum ex argento et aere. Stuttgardiae, 1745 in-8, cart.

144. **Rami** (Christ.) catalogus numorum veterum graecorum et latinorum musei regis Daniae. Hafniae 1816, 2 vol. in-4, 12 pl. cart.

145. **Rasche** (Joh. Christ.). Lexicon universae rei numariae

veterum et praecipue Graecorum ac Romanorum. Lipsiae
1785—1815, 7 tom. en 14 vol. gr. in-8, y compris
3 part. de supplément, demi-mar. rou. n. rog. *(complet.)*
Le supplément ne va que jusqu'à la fin de la lettre J.

146. (**Rechenberg**, Ad.). Historiae rei nummariae veteris
scriptores aliquot insigniores. Lugd. Bat. 1695, pet. in-4,
2 vol. vél.
Ouvrage rare et recherché.

147. **Revue de la Numismatique** française dirigée par
Cartier et de la Saussaye. Blois et Paris, 1836—44,
9 vol. gr. in-8, fig. dem. v. viol.

148. **Ricaud de Tiregale** (P.). Médailles sur les principaux événemens de l'empire de Russie depuis le règne
de Pierre le Grand jusqu'à celui de Catherine II. Pots-
dam 1772, in-fol., portrait, fig. dem. vél. à coins.

149. **Sammlung** berühmter Medailleurs und Münzmeister
nebst ihren Zeichen. Nürnberg, 1778 in-4, dem. rel.

150. **Saulcy** (F. de). Essai de classification des suites mo-
nétaires Byzantines. Metz, 1836, gr. in-8, avec un
atlas de 33 pl. in-4, v. rac. fil.

151. **Schlegelii** (Chr.) de nummis abbatum Hersfeldensium
apotelesma. Gothae 1724, pet. in-4, fig. parch. *(Rare)*.

152. (**Schwartzenau**). Beschreibung der landgräflich-hessi-
schen ganzen und halben Thaler. Regensburg, 1784,
in-4, cart. *(Ex. sur grand pap. vél.)*.

153. **Seelaender** (Nic.). Zehen Schriften von teutschen Müntzen
mitlerer Zeiten. Hannover, 1743, avec pl. = Unpartheyische Gedancken über das betrübte höchstschädliche
Müntz-Wesen. Offenbach, 1738. en 1 vol. in-4, dem.
vél. à coins.

154. **Spanhemii** (Ezech.) dissertationes de praestantia et usu
numismatum antiquorum. Ed. nova. Londini, R. Smith,
1706. 2 vol. in-fol. fig. reglé, mar. rou. fil. tr. dor.

155. **Stieglitz** (C. L.). Versuch einer Einrichtung antiker
Münz-Sammlungen. Leipzig, 1809 in-8, br.

156. **Strada** (Jac. de). Epitome thesauri antiquitatum, hoc
est, impp. Rom. orientalium et occidentalium iconum, ex

antiquis numismatibus quam fidelissime deliniatarum. Lugduni, 1553 in-4. fig. vél. cord. *(édition originale)*.

157. **Strada** (Jac. de). Epitome thesauri etc. Tiguri, 1557 in-8, fig. cart.

158. **Streber** (Franz). Ueber den Stier mit dem Menschengesichte auf den Münzen von Unteritalien und Sicilien. in-4, 1 pl. br. *(102 pp.)* == Le même, über die Münzen von Caulonia, in-4, 1 pl. br.

159. **Streber** (Franz). Die ältesten in Salzburg geschlagenen Münzen. Ein Beitrag zur Geschichte des Herzogthums Kärnthen. München, 1854-55, 2 tom. in-4, br.

160. **Streber** (Franz.). Die ältesten burggräflich nürnbergischen Münzen oder 40 bisher meist unbekannte burggräflich nürnbergische Pfennige. 2 pl. *(124 pp.)* == Derselbe, die ältesten Münzen des Grafen von Hohenlohe. 1 pl. == Ders., die ältesten in Koburg und Hildburghausen geschlagenen Münzen. München, 1853, 2 pl. == Ders., über einige Münzen der Fürstäbte von Fulda aus der 2. Hälfte des 14. Jahrh. München, 1856, 1 pl. == Ders., die ältesten Münzen der Grafen von Werthcim. München, 1856, 1 pl. == Ders., 35 bisher meist unbekannte Münzen des Bischofs Gerhard von Würzburg. 1 pl. == Ders., 20 bisher meist unbekannte churmainzische Silberpfennige aus der 2. Hälfte des 14. Jahrh. 1 pl. == Ders., 18 zu Schmalkalden geprägte hennebergische und hessische Münzen. 1 pl. == Ders., 52 böhmisch-pfälzische Silberpfennige. 2 pl. 9 pièces in-4, br.
    Les numéros 158—160 sont extraits des mém. de l'Acad. roy. de Munich.

161. **Tenzelii** (Polycarpi) selecta numismata aurea, argentea et aerea maximi moduli. Jenae 1693, 3 pl. == Joh. Weidner. Pietas ex nummis antiquioribus delineata. Jenae, 1694 in-4, avec 1 pl. En 1 vol. dem. vél. à coins.

162. **Tentzel** (W. E.). Saxonia numismatica sive nummophylacium numismatum mnemonicorum et iconicorum. Dresdae, 1705 in-4, 4 tom. en 2 vol. avec 96 pl. bas.

163. **Thesaurus numismatum** antiquorum et recentiorum ex auro, argento et aere, ab illustriss. D. Petro Mau-

roceno senatore Veneto Reipublicae legatus. Venetiis, 1683 in-4, fig. bas.

164. **Tobiésen-Duby** (P. A.). Traité des monnoies des barons, prélats, villes et seigneurs de France. Paris, 1790, 2 vol. et 1 vol. de pl. gr. in-4, dem. rel.

165. **Tôchon d'Annecy** (J. F.). Recherches hist. et géogr. sur les médailles des nomes ou préfectures d'Egypte. Paris, J. R. 1822, in-4, portrait, fig. bas.

166. **Tychseni** (Olai Gerh.) introductio in rem numariam Muhammedanorum. Rostochii, 1794, avec 6 pl. = Al-Makrizi historia monetae arabicae, e cod. Escorialensi ed. ab Ol. G. Tychsen. Rostochii, 1797 in-8. = Tychseni introductionis in rem numariam Muhammedanorum additamentum I. Rostochii, 1796 in-8, avec 2 pl. Ensemble 2 vol. v. rac. fil. *(Reliure uniforme)*.
Beaux ex. sur pap. vél.

167. **Uhlich** (Gottfr.). Versuch einer Numismatik für Künstler, oder Vorschriften, wie auf alle Fälle Münzen im römischen Geschmacke zu entwerfen sind. Lemberg, 1792 in-4, fig. cart. *(Rare)*.

168. **Ursinus** (Fulvius). Familiae Romanae quae reperiuntur in antiquis numismatibus ab urbe condita ad tempora divi Augusti. Romae, 1577 in-fol. fig. mar. r. fil.
Bel exemplaire de cette édition rare en riche rel. anc.

169. **Ursinus** (Fulv.). Familiae Romanae in antiquis numismatibus. C. Patin restituit, recognovit, auxit. Parisiis, 1663 in-fol. avec 2 portr. et beaucoup de fig., vél.

170. **Vaillant** (Jo. Foy-). Arsacidarum imperium, sive regum Parthorum historia, ad fidem numismatum accommodata. Paris, 1725, 2 vol. in-4, fig. v. m.

171. **Vaillant.** Historia Ptolemaeorum Aegypti regum ad fidem numismatum accommodata. Amst. 1701, in-fol. fig. dem. v. ant.

172. **Vaillant.** Numismata imperatorum Romanorum praestantiora a Julio Caesare ad Postumum usque. Romae, 1743, 3 vol. in-4, fig. bas.

173. **Vaillant.** Nummi antiqui familiarum Romanarum per-

petuis interpretationibus illustrati. Amstelaedami, 1703,
2 vol. in-fol. 152 pl. v. rac. *(Bel exempl.).*

174. **Vaillant.** Nummi antiqui familiarum Rom. v. marbré.
Ce vol. ne contient que les 152 pl. Bel exemplaire.

175. **Vaillant.** Selectiora numismata in aere maximi moduli e
museo Franc. de Camps concisis interpretationibus illustrata.
Paris, 1695 in-4, beaucoup de pl. cart. n. rogné.
Le titre taché d'encre et mouillé.

176. **Vaillant.** Seleucidarum imperium, sive historia regum
Syriae ad fidem numismatum accommodata. Ed. sec.
nitidior et emendatior. Hagae, 1732 in-fol. fig. bas.

177. (**Vallemont**). Nouvelle explication d'une médaille d'or
du cabinet du Roy, sur laquelle on voit la tête de
l'empereur Gallien. Première et seconde lettre en 1 vol.
Par. 1699, in-12, bas.

178. **Velazquez** (Luis Jos.). Ensayo sobre los alphabetos
de las letras desconocidas, que se encuentran en las
mas antiguas medallas y monumentos de España. Madrid,
1752 in-4, 20 pl., d. rel. v.

179. **Venuti** (Rod.). Numismata Romanorum pontificum praestantiora a Martino V. ad Benedictum XIV. Romae, 1744
gr. in-4, fig. dem. v.

180. **Verzeichniss** der Heiligen auf Müntzen. Leipz. 1746.
= Fr. Heusinger's Versuch einer Abhandlung von dem
Nutzen der teutschen Münzwissenschafft mittlerer Zeiten.
Nürnberg 1750, avec 1 pl. = F. X. Sonnleuthner, Ab-
handlung von den Titeln und den Wappen des römischen
Kaisers. Wien, 1781. En 1 vol. in-8, dem. rel. à coins.

181. **Vico** (Aen.). Omnium Caesarum verissimae imagines ex
antiquis numismatis desumptae. Ed. 2. (Venetiis) 1554,
in-4, avec beaucoup de pl. 66 ff. non chiffrés, y
compris le titre, plus 16 ff. contenant un index à
2 col. vél.

182. **Vico** (Enea). Le imagini delle donne Auguste. Vinegia,
1557 in-4, fig. vél.

183. **Vico** (E.). Discorsi sopra le medaglie de gli antichi di-
visi in due libri. Vinegia, 1558 in-4, portrait, vél.

184. **Vici** (Aen.) ex libris XXIII commentariorum in vetera imperatorum Romanorum numismata liber primus. Venetiis apud Aldum, 1562 in-4, portr. 5 pl. parch.
Livre peu commun; voyez Brunet.

185. **Vignoli** (J.). Antiquiores pontificum Romanorum denarii. Iterum editi studio et cura B. Floravantis. Romae, 1734 avec fig. = B. Floravantes. Antiqui Romanorum pontificum denarii a Benedicto XI. ad Paulum III. Romae, 1738 avec pl. = De nummo argenteo Benedicti III. dissertatio. (Auctore Jos. Garampio). Romae, 1749. En 1 vol. in-4, dem. peau de truie à coins. *(Rare.)*

186. **Voigt a St. Germano** (Adauctus). Beschreibung der bisher bekannten böhmischen Münzen. Prag, 1771—74 in-4, 3 tom. en 2 vol., fig. et 8 pl. bas.

187. **Wachteri** (J. G.) archaeologia nummaria, continens praecognita nobilissimae artis, quae nummos antiquos interpretatur. Lips. 1740, in-4, fig. br.

188. **Widmer** (M. J. v.). Domus Wittelsbachensis numismatica. Oder Sammlung aller existierenden Münzen und Medaillen des wittelsbachischen Stammhauses. München, 1784, t. I. Heft 1 u. 2. = Von der Rudolphinischen Linie insbesondere. 2 Stücke. = Von der Ludwigischen oder Baierischen Linie insbesondere. 1785. Stück 1. Ensemble en 6 cah. br. n. r. *(Complet.)*
C'est tout ce qui a paru de cet ouvrage estimé.

189. (**Woltereck**, Christ.). Electa rei numariae. Hamburgi, 1709 in-4, dem. rel. à coins.

190. (**Zantanus**, Ant.). Primorum XII Caesarum verissimae imagines ex antiquis numismatibus desumptae. Romae, 1614 in-4, avec beaucoup de pl. parch.

191. **Zepernick** (C. Fr.). Die Münzen und Medaillen der ehemaligen Capitel und Sedisvacanzen bei den Cathedralen und Kirchen der deutschen Erz-, Hoch- und unmittelbaren Reichs-Stifter. Halle, 1848 in-4, 15 pl. dem. cuir de Russie.

192. **Zoëga** (G.). Numi Aegyptii imperatorii prostantes in museo Borgiano Velitris. Romae, Fulgoni, 1787, gr. in-4, avec 22 pl.

193. **Avellino** (F. M.), opuscoli diversi. Napoli, 1826. tom. 1er, in-8. dem. v. r.

2*

194. **Boeckh** (August). Metrologische Untersuchungen über Gewichte, Münzfüsse und Masse des Alterthums. Berlin, 1838, gr. in-8. cart.
Ouvrage important d'une vaste érudition. *)

195. **Recueil** de 7 pièces.
Addisson's Gespräche von dem Nutzen der alten Müntzen, aus dem Engl. von G. W. Pötzinger. Bayreuth, 1740 in-8. = Utilitas rei numariae veteris, compendio proposita, auct. Lud. De Biel. Viennae, 1733 in-8, 2 pl. = Henr. Meibomii nummorum veterum in illustranda imperatorum Romanorum historia usus. Helmetsadi (sic), 1684 in-4. = Joh. Guil. Pfennigk, de rei numariae mutatione et augmento, von steigender und fallender Müntze, uberior tractatio, tribus libris absoluta. Lips. 1692. pet. in-8. = Curiose Müntz-Wissenschafft, darinne von dero unfehlbaren Nutzbarkeit etc. gehandelt wird, von J. C. Olearius. Jena, 1701 in-12. = Sam. Reyheri tractatus juridicus de nummis argenteis antiquissimis. Hamburgi, 1712 in-4, fig. = Unpartheyische Gedancken über das höchst-schädliche Müntz-Wesen. Offenbach a. M., 1738 in-4.

196. **Recueil** de 5 pièces.
Gul. Budaei breviarium de asse et partibus ejus. s. l. n. d. in-4. = Leon. Portii de sestertio, talentis, pecuniis, ponderibus, mensuris, stipendiis militaribus antiquis, ac provinciarum, regum, populi Romani, Caesarumque redditibus libri duo. (Basileae) apud Frobenium. s. d. = Bilib. Pirckeymheri priscorum numismatum ad Nurenbergensis monetae valorem facta aestimatio. Tubingae, 1533 in-16. = Eryci Puteani pecuniae Romanae ratio: facillimo ad nostram calculo revocata. Lovanii, 1620 in-16. = Alex. Sardi liber de nummis, in quo antiqua pecunia Romana et Graeca metitur precio ejus, quae nunc est in usu. Moguntiaci, 1579 in-4.

197. **Recueil** de 12 pièces.
Essai d'une paléographie numismatique, par Barthélemy. (Extrait des mém. de l'acad. des B. L. tom. 24), in-4, avec 1 pl. = Les monnaies d'or d'Athènes, par M. Beulé. in-8, 1 pl. = Aug. P. Bornemanni dissertatio de numis Thasiorum. Halae, 1737 in-4, 1 pl. = J. G. Eccardi epistola de numis quibusdam explicatu difficilioribus. Lips. 1722, in-4. = Ejusdem epistola de numis quibusdam sub regimine Theodorici Ostrogothorum regis in honorem imperator. Zenonis et Anastasii cusis. Hanoverae, 1720 in-4, avec 1 pl. = De Alexandro M. cornigero, diss. M. Fr. G. Freytag. Lips. 1715, in-4. = Observations sur quelques médailles du cabinet de M. Pellerin, par Le Blond. A la Haye, 1781 in-4. = O. Chr. de Lohenschioldi diss. nummum

---

) C'est par une faute, que les num. 193 et 194 ont été omis plus haut.

antiquum argenteum Apolloniae urbis Illyridis descriptum sistens.
Tubingae 1755 in-4. = Car. Morgensternii prolusio, continens
recensionem numorum imperatoriorum aeneorum a Nerva usque
ad Faustinam majorem, qui in museo academico servantur etc.
Dorpati, 1834 in-fol. br. (*LII, 7 pp.*) = Notice sur les collections numismatiques de Gossellin, par Raoul-Rochette. Paris, 1830
in-8. = Cinq cachets inédits de médecins-oculistes Romains,
publ. par le Dr. Sichel. Paris, 1845 gr. in-8. = J. C. Schlae-
geri commentatio de numo Alexandri Magni. Hamb., 1736 gr.
in-4. avec 4 pl. (*100 pp.*)

198. Recueil de 9 pièces.

J. G. Eccardi epistola de numis quibusdam explicatu difficilioribus. Lips., 1722 in-4, 1 pl. = Car. Morgensternii prolusio continens I. recensionem numorum imperatoriorum aeneorum a Nerva usque ad Faustinam majorem, qui in museo academico servantur. II. Probabilia critica expensa. Dorpati, 1834
in-fol. (*LII. pp.*) = Observations sur quelques médailles du
cabinet de M. Pellerin, par Le Blond. 2 édit., suivies de nouvelles remarques de M. Pellerin sur l'ouvrage de M. Eckhel.
Paris, 1823 pl. in-4. (*80 pp.*) = O. Chr. de Lohenschioldi diss.
numum antiq. argent. Apolloniae urbis Illyridis descriptionem
sistens. Tubingae, 1755 in-4. = Fr. Muenteri symbolae ad in-
terpretationem evangelii Johannis ex marmoribus et numis, maxime graecis. Hauniae, 1826 in-4. = Numismata rarissima a
Julio Caesare ad Heraclium usque, quae ex omni genere metal-
lorum difficilia repertu et maximo in pretio sunt. Norimbergae,
1777 in-8. = Dissertation sur douze médailles des jeux sécu-
laires de l'empereur Domitien, par Rainssant. Versailles, 1684
in-4, fig. cart. = C. Fr. Walchii commentatio de nummis capri-
corno signatis Romanorum. Jenae, 1750 in-4. = Mémoire sur
l'impératrice Salonine, par J. de Witte. Brux., 1852 in-4, pl.
(*57 pp.*)

199. Recueil de 5 pièces.

Frähn's Beiträge zur Muhammedanischen Münzkunde aus
St. Petersburg. Berlin s. d. 1 pl. = C. M. Fraehnii novae
symbolae ad rem numariam Muhammedanorum ex museis Pelu-
giano atque Mannteufeliano Petropoli, nec non Nejelowiano Ka-
sani. Petropoli, 1819. 5 pl. = Spiegazione di due rarissime medaglie cufiche della famiglia degli Ommiadi appartenenti al museo
Mainoni in Milano. s. l. n. d. 14 pl. 3 pièces en 1 vol. in-4, cart.
(*Ex. mouillé.*) = J. A. Arri novae observationes in quosdam numos
Abbasidarum aliosque cuficos. Aug. Taur., 1835 in-4, 3 pl. =
Chr. Gottl. v. Murr's drei Abhandlungen von der Geschichte der
Araber überhaupt, derselben Münzen und Siegeln. Nürnberg,
1770 in-8. fig. et pl. = Mémoire sur quelques monnaies arabes
en or des Almohades et des Mérinites, par Silv. de Sacy. in-4,
avec 1 pl. = Symbolae ad rem numariam Muhammedanorum.
Edit. Tornberg. Upsal., 1846 gr. in-4, part. I. et III.

200. **Recueil** de 4 pièces.

Christ. Conr. Clodii de nummorum Ebraeorum inscriptionibus Samaritanis dissertatio. Helmstadii, 1712 pet. in-4, fig. cart. = Nachricht von den jüdischen insgemein genannten Samaritanischen Münzen, von Eberh. Dav. Hauber. Kopenhagen u. Leipz., 1778 pet. in-8, pl. cart. (*51 pp.*) = Joh. Christ. Klemmii de nummis Hebraeorum libellus academicus. Tubingae, 1730 in-4, br. (*VI, 50 pp.*) = Adr. Relandi de nummis veterum Hebraeorum dissertationes quinque. Accedit dissertatio de marmoribus arabicis Puteolanis. Traj. ad Rh., 1709 in-8, pl. vélin.

201. **Recueil** de 5 pièces.

Nummi aliquot diversi ex argento praestantissimi (svecici), expl. N. Kederus. Lips., 1706 in-4. = Nummorum in Hibernia, antequam hacc insula sub Henrico II. anglici facta sit juris, cusorum indagatio, per Nic. Keder. Lips., 1708 in-4, avec pl. = Nummus aureus antiquus atque perrarus, Othinum, ceu probabile est, ejusque sacrorum ac mysteriorum signa et indicia exhibens. E museo N. Kederi cum hujusce commentatione editus. Lips., 1722 in-4. = De argento runis s. literis gothicis insignito, quod delineatum in Camdeni Britannia exhibetur sententia Nic. Kederi. Lips., 1703 in-4, 1 pl. = G. D. Seyler's historische Nachricht von wahrsagenden Müntzen. Franckf. u. Leipz. in-4, avec fig. (*Opuscules rares*).

202. **Recueil** de 3 pièces.

Christ. Schlegelii de nummis antiquis Gothanis, Cygneis, Coburgensibus etc. diss. Francofurti et Lips., 1717 in-4, avec pl. = Ejusdem de nummis antiquis Jsenacensibus, Mulhusinis, Northusinis et Weissenseensibus exercitatio histor. Jenae, 1703 in-4, avec pl. = Ejusdem de nummis abbatum Hersfeldensium apotelesma. Gothae, 1724 in-4, avec pl. (*Rare*).

203. **Recueil** de 6 pièces.

. J. A. Doederlini commentatio historica de numis Germaniae mediae, quos vulgo bracteatos et cavos adpellant. Norimberg. 1729 in-4, avec 3 pl. = Joh. Christ. Oleari isagoge ad numophylacium bracteatorum. Jenae, 1694 in-4, 1 pl. = Ejusdem dissertatio epistolica, qua numus argenteus, in memoriam Norberti archiep. quondam Magdeburgici cusus, illustratur. Arnstadii, 1704 in-4, fig. = Beschreibung einiger Bracteaten, Dickpfennige und Geschmeide, welche zu Offenhausen in dem Nürnbergischen sind ausgegraben worden, von A. Würfel. Altdorf, 1761 in-4, avec 1 pl. = G. Chr. Neller's kurtzer Unterricht von denen alt-roemischen, fraenckischen, trierischen, auch gemein-rheinlaendischen Pfenningen und Helleren biss auf gegenwärtige Zeit. Trier, 1763 in-4, fig. = Christ. Schlegelii de nummis antiquis Gothanis et Cygneis dissertatio. Arnstadii, s. d. in-4, fig. et 1 pl.

204. **Recueil** de 6 pièces.

Antiquiores pontificum Romanorum denarii, olim editi ab ab J. Vignolio, iterum aucti stud. et cur. B. Floravantis. Romae, 1734 in-4, avec fig. (*100 pp.*) = Betrachtung über eine in Rostock geprägte alte Münze nebst Anzeige einiger gefundenen Wendischen Münzen, von C. F. Evers. Schwerin, 1705 in-4. = Historisch-numismatische Abhandlung über die im Kurmaynzischen Oberstifte vom J. 1783 bis 86 vorgefundenen alten Münzen, v. H. E. Heim. Erfurt, 1789 in-4. = Nummus aureus Othinum exhibens, e museo Kederi cum huius commentatione editus. Lips., 1722 in-4. = J. Dav. Koeleri schediasma historicum de numismate Jacobi Grandis de Carraria. Altdorfi, 1717 in-4, fig. = G. Lehmann's Bedencken ueber einigen gefundenen Rendesburgischen Naulis oder Danicis. Leipz., 1741 in-4, pl. (*168 pp.*)

205. **Recueil** de 6 pièces.

Herm. Ulr. a Lingen de origine et inventoribus pecuniae et numismatum schediasma. Jenae, 1715. = Chr. Fr. Ruhe, specimen philologiae numismatico-latinae primum et secundum. Francof., 1708. = J. Henr. Schulze, commentatio de numis Thasiorum. Halae, 1737, 1 pl. 3 pièc. en 1 vol. in-4. = H. J. Bytemeisteri delineatio rei numismaticae antiquae et recentioris. ed. 3. Argent., 1744 in-8. = Sam. Reyheri tractatus juridicus de nummis argenteis antiquissimis. Hamburgi, 1712 fig. et pl. = Ejusdem dissertatio de nummis quibusdam ex chymico metallo factis. Kiliae, 1692 fig. 2 pièc. en 1 vol. in-4.

206. **Recueil** de 6 pièces.

J. D. Koeleri schediasma historicum de numismate Jacobi Grandis de Carraria. Altdorfi, 1717 in-4, pl. = Erlaeuterung einer ueberaus raren Muenze von dem Erzbischof zu Koelln Piligrim, von S. W. Oetter. Nuernberg, 1788. = G. Gottl. Plato's Schreiben an H. Georg Fr. von Berberich, die in dessen Muenzcabinet befindliche Hof-Geissmarische Muenze betreffend. Regensburg, 1765, 3 pl. = G. G. Plato's Untersuchung, ob die von J. G. von Eckhart bezeichnete Muenzen Heinrich Herzog zu Braunschweig zuzuschreiben seyen oder nicht. Regensburg, 1765. = Muthmassungen, warum der auf Kaiser Ludwig des vierten goldener Muenze vorkommende Adler der doppelte Reichs-Adler seyn muesse, von S. W. Oetter. Regensburg, 1766, 3 pièces en 1 vol. in-4. = Mainzer Münzen des mittleren und jüngeren Zeitalters, von St. A. Würdtwein. Mannheim, 1769 in-4, fig. = J. G. Eccardi epistola de numis quibusdam sub regimine Theoderici in honorem Zenonis et Anastasii cusis. Hanoverae, 1720 in-4. = Jo. Hen. a Seelen, selecta nummaria. Lubecae, 1735 pet. in-8, 8 pl.

207. **Recueil** de 4 pièces.

Verzeichniss aller Medaillen, welche sowohl allerley historische Begebenheiten von 1679 bis hiehero als auch andere Schaumünzen enthalten, von G. N. Riedner. s. l. 1776, in-4. = Specimen decadem sigillorum complexum, quibus historiam Italiae, Galliae atque Germaniae illustrat A. Fr. Glafey. Lips., 1749 in-4, 12 pl. = Verzeichnung bisher bekanter Wiennerischer Schau- Denck- und Lauf-Müntzen von Chrys. Hanthaler. Lintz, 1745 in-4, avec 1 pl. = Curieuses Thaler-Cabinet. Das erste Fach, welches die Thaler der Roemischen Kaeyser und Koenige wie auch der Ertz-Hertzogen von Oesterreich in sich haelt. Luebeck, 1697 in-4, fig.

II. Archéologie.

208. **Abeken** (Wilhelm). Mittelitalien vor den Zeiten römischer Herrschaft, nach seinen Denkmalen dargestellt. Stuttgart, 1843 avec 11 pl. gr. in-8, demi-rel.
Ouvrage important surtout pour la connaissance de l'art des Etrusques.

209. **Agostini** (Leon.). Le gemme antiche figurate. Roma, 1686 in-4, 2 vol. avec 264 pl. parch.

210. **Allatii** (Leo.) animadversiones in antiquitatum etruscarum fragmenta ab Inghiramio edita. Paris, 1640 in-4, parch.

211. **Annali** dell' instituto di correspondenza archeologica. Roma, 1829 etc., in-8, 10 livraisons des tomes I — IX.

212. **Antiquités**, mythologie, diplomatique des chartes et chronologie. Paris, 1786 in-4, 5 vol. v. rac. dent. tr. dor. et 4 vol. de planches, cart. *(De l'Encycl. méthodique)*.

213. **Archaeologia:** or miscellaneous Tracts relating to antiquity. Published by the society of antiquaries of London. Lond. 1824. vol. XX. XXI. XXII. XXIII, 1. gr. in-4, br.

214. **(Artaud)**. Voyage dans les catacombes de Rome. Paris, 1810 in-8, v. rac. fil.

215. **Barthélemy.** Voyage du jeune Anacharsis en Grèce. 4ème édit. Paris, Didot jeune, l'an VII, 7 vol. in-4, avec un vol. de pl., mar. r. fil. tr. dor.

216. **(Baudelot)**. Explication d'une pierre gravée du cabinet
du comte de Pontchartrain. Paris, 1710 in-12, fig.
mar. rou. fil. tr. dor.

217. **Bellermann** (Joh. Joach.). Versuch über die Gemmen
der Alten mit dem Abraxas-Bilde. s. l. ni d., 2 pièces.
= Derselbe, über die Scarabaeen Gemmen. s. l. ni d.
2 pièces. = Desselben Bemerkungen über die phönizi-
schen und punischen Münzen. s. l. ni d. 4 pièces. Les
8 pièces en 1 vol. in-8, cart.

218. **Bellori** (J. P.). Veteres arcus Augustorum triumphis
insignes, ex reliquiis, quae Romae adhuc supersunt, cum
imaginibus triumphalibus restituti, antiquis nummis notis-
que J. P. Bellorii illustrati, nunc primum per J. J. de
Rubeis aeneis typis vulgati. Romae, 1690 in-fol., 61
pl. parch. fil.

219. **Bergier** (Nic.). Histoire des grands chemins de l'empire
Romain, nouv. éd. Bruxelles, 1728, 2 vol. in-4, 13 fig.
mar. rou. fil. tr. dor.

220. **Beulé** (E.). Études sur le Péloponnèse. Paris, F. Didot,
1855, in-8, br.

221. **Beulé** (E.). L'acropole d'Athènes. Paris, F. Didot, 1853
—54, 2 vol. in-8, avec pl. br.

222. **Biagi** (Clem.). Monumenta graeca et latina ex museo
Jac. Nanii. Romae, 1785 in-4, fig. dem. rel.

223. **Bianchini** (Franc.). Del Palazzo de' Cesari, opera po-
stuma. Verona, 1738 in-fol., 17 pl. bas. *(Armoiries.)*

224. **Bœttiger** (C. A.). Ideen zur Archaeologie der Malerei.
T. I. Dresden, 1811 in-8, dem. v. Le seul vol. publié.

225. **Böttiger's** (C. A.) kleine Schriften archaeologischen und
antiquarischen Inhalts, gesammelt und herausg. von Jul.
Sillig. Dresden u. Leipz. 1837—38, 3 vol. avec 17 pl. cart.
Recueil très curieux et estimé de ce savant archéologue.

226. **Bœttiger** (C. A.). Sabina oder Morgenscenen im Putz-
zimmer einer reichen Römerin. Mit 13 Kupfern. Leipzig,
1803 in-12, dem. v. fauve.
Joli exempl. de cet ouvrage estimé, qui commence à dé-
venir rare.

227. **Bonanni** (Giac.). Dell' antica Siracusa illustrata libri due. Messina, 1624 in-4, parch. *(Rare)*.

228. **Botta.** Monument de Ninive découvert et décrit par M. P. E. Botta, mésuré et dessiné par M. E. Flandin. Paris, Impr. Nat. 1849—50, 5 vol. gr. in-fol., dem. mar. rou.

229. **Bourke** (Edm. comte de). Notice sur les ruines les plus remarquables de Naples et de ses environs. Paris, 1823 in-8, fig. v. gr. dent. tr. dor. pap. vél.

230. **Cabral** (Stef.) e Fausto del Rè. Delle ville e de' più notabili monumenti antichi della città e del territorio di Tivoli nuove ricerche. Roma, 1779 in-8, avec 1 carte, parch.

231. **Canina** (L.). Indicazione topografica di Roma antica, Roma, 1831, gr. in-8, cart.

232. **Canini.** Les images des héros et des grands hommes de l'antiquité. Dessinées par Jean-Ange Canini, gravées par Picart le Romain. Amsterdam, 1731 in-4, avec 115 gravures, mar. r. fil. dent. tr. dor., rel. anc. *(Bel exempl.)*

233. **Caryophili** (Bl.) opusculum de antiquis auri, argenti, stanni, aeris, ferri plumbique fodinis. Viennae, 1757 in-4, v. = Ejusdem de antiquis marmoribus opusculum. Traj. ad Rh. 1743. = De thermis herculanis nuper in Dacia detectis Pasch. Caryophili dissertatio. Ibid., 1743 in-4, v. f. Ensemble 2 vol.

234. **Cassini** (Giov. M.). Pitture antiche ritrovate nello scavo aperto di ordine di Pio VI. in una vigna. Roma, 1783 in-fol. 7 fig. dem. rel.

235. **Caylus** (comte de). Recueil d'antiquités égyptiennes, étrusques, grecques et romaines. Paris, 1752—67, 7 vol. fig. = Recueil d'antiquités dans les Gaules par La Sauvagère. Paris, 1770, avec 29 pl. Ensemble 8 vol. in-4, mar. bl. fil. tr. dor.

236. **Clarke** (Edw. Dan.). The tomb of Alexander; a dissertation on the sarcophagus brought from Alexandria and now in the British Museum. Cambridge, 1805 in-4. fig. v. ant. fil.

237. **Cochin** et **Bellicard.** Observations sur les antiquités de la ville d'Herculanum. Paris, 1754 in-8, avec 40 pl. mar. r. fil. tr. dor. *(Anc. rel.)*

238. **Corsi** (Faustino). Delle pietre antiche trattato. Ed. sec. corretta ed accresciuta. Roma, 1833 gr. in-8, mar. viol. tr. dor.

239. **Creuzer.** Zur Archaeologie oder zur Geschichte und Erklärung der alten Kunst; Abhandlungen von Friedr. Creuzer, besorgt von Jul. Kayser. Leipz. u. Darmstadt, 1846—47, 3 vol. in-8, avec pl., d. m. bl.

240. **Creuzer** (Fr.). Zur Gemmenkunde; antike geschnittene Steine vom Grabmahl der heiligen Elisabeth in der nach ihr genannten Kirche zu Marburg in Kur-Hessen. Leipz. u. Darmstadt, s. d. in-8, 5 pl. br.

241. **Cuperi** (Gisb.) Harpocrates sive explicatio imagunculae argenteae perantiquae, quae in figuram Harpocratis formata repraesentat solem. Ejusd. monumenta antiqua inedita. Traj. ad Rhen., 1687 in-4, fig. vél.

242. **Curtius** (Ern.). De portubus Athenarum. Halis, 1842 in-8, avec une carte; dem. v. bl.

243. **Dallæi** (Jo.) de imaginibus libri IV. Lugd. Bat. apud Elzevir., 1642 in-8, vél.

244. **David** (Eméric). Jupiter. Recherches sur ce Dieu, sur son culte et sur les monumens qui le représentent. Paris, I. R., 1833 in-8, 2 vol. dem. v. ant.

245. **David** (Fr.-Anne). Antiquités étrusques, grecques et romaines, avec leurs explications par d'Hancarville. Paris, chez l'auteur, 1785 — 88. 5 vol. in-4. fig. noir. et col., mar. vert, fil. tr. dor.

246. **David.** Les antiquités d'Herculanum, avec les explications par Sylvain Maréchal. Paris, 1780 — 89, vol. 1 — 8, in-4, fig. noir. mar. vert, fil. tr. dor. *(La reliure uniforme avec num. 245. Premières épreuves. Très bel exemplaire.)*

247. **Dissertazione** dell' architettura Egiziana d'un corrispondente dell' accademia delle scienze di Parigi etc. Parma, stamp. reale, 1786 in-4, v. marbré, fil.

248. **Dizionario** d'ogni mitologia e antichità incominciato

da Gir. Pozzoli, continuato dal Prof. Fel. Romani e dal Dott. Ant. Peracchi. Milano, 1809, 5 vol. pet. in-4, fig. color. dem. rel.

249. **Dodwell** (Ed.). Alcuni bassirilievi della Grecia, descritti e pubblicati in otto tavole. Roma, 1812 in-fol., fig. pap. vél. cart. n. rog.

250. **Donati** (Alex.) Roma vetus ac recens utriusque aedificiis illustrata. Ed. ult. Amstelod., 1695 in-4, avec beaucoup de pl. et fig. bas.

251. **Dorow.** Morgenländische Alterthümer. I. Heft. Die assyrische Keilschrift. II. Heft. Die indische Mythologie. Wiesbaden, 1820—21, 2 vol. in-4. 6 pl. cart.

252. **Du Choul.** Discours de la religion des anciens. Lyon, G. Rouille, 1556, pet. in-fol. fig. en bois v. f. ant. dent. tr. dor. *(Simier)*.

253. **(Fabroni, A.).** Dissertation sur les statues appartenantes à la fable de Niobé. Florence, 1779 gr. in-fol., 18 pl. br.

254. **Falbe** (C. T.). Recherches sur l'emplacement de Carthage, suivies de renseignements sur plusieurs inscriptions Puniques inédites etc. Paris, I. R. 1833, gr. in-8, br. avec 1 vol. de pl. in-fol.

255. **Féa** (Ch.). Description de Rome, trad. par A. Bonelli; ornée du plan de la ville et des vues les plus intéressantes. 5. éd. Rome, 1825 in-8, 2 vol. dem. m. n.

256. **Ficoroni** (Franc. de'). Le memorie ritrovate nel territorio della prima e seconda città di Labico. Roma, 1745 in-4, avec beaucoup de fig. et pl. parch. *(Armoiries)*.

257. **Ficoroni** (Fr. de'). Le vestigia e rarità di Roma antica, ricercate e spiegate. Roma, 1744 gr. in-4, fig. parch.

258. **Ficoronii** (Fr.) dissertatio de larvis scenicis et figuris comicis. Romae, 1750 in-4, fig., mout. vert.

259. **Ficoroni** (Fr.) gemmae antiquae litteratae aliaeque rariores. Accesserunt vetera monumenta ejusdem aetate reporta, annotationibus Illustrata a N. Galeotti. Romae, 1758 gr. in-4, fig. parch.

260. **Figrelii** (Em.) de statuis illustrium **Romanorum** liber

singularis. Holmiae, 1656 pet. in-8, v. br. fil. chiffres au dos et aux coins. *(Armoiries)*.

261. **Forsteri** (J. B.) liber singularis de bysso antiquorum. Londini, 1776 in-8, cart.

262. **Fortoul** (H.). Études d'archéologie et d'histoire. Paris, F. Didot, 1854 in-8, 2 vol. dem. mar. bl.

263. **Furietti** (Jos. Alex.) de Musivis. Romae, 1752 in-4, fig., parch.

264. **Garrucci** (Raff.). Tre sepolcri con pitture ed iscrizioni appartenenti alle superstizioni pagane del Bacco Sabazio e del Persidico Mitra. Napoli, 1852 in-4, 6 pl. dem. mar. viol. à coins.

265. **Gell.** Pompeiana: the topography, edifices and ornaments of Pompeji. By Will. Gell and John P. Gandy. Sec. edit. London, 1821 gr. in-8, fig. mar. vert, fil. tr. dor. pap. vél.

266. **Gell** (W.). The topography of Troy and its vicinity, illustrated and explained by drawings and descriptions. London, 1804 in-fol. avec beaucoup de pl. color. et 1 carte géogr. mar. r. fil. dent. tr. dor.

267. **Gell** (W.). The geography and antiquities of Ithaca. London, 1807 in-4, fig. mar. rou. dent. tr. dor.

268. **Gemmarum** et lapidum historia. Quam olim edidit Ans. Boetius de Boot, postea Adrianus Tollius recensuit. Lugd. Bat., 1647 in-8, fig. mar. r. fil. dent. tr. dor. *(Anc. rel.)*.

269. **Gori** (Ant. Fr.). Thesaurus gemmarum antiquarum astriferarum: acced. atlas Farnesianus marmoreus una cum dissertationibus in gemmas ant. a J. B. Passerio. Florentiae, 1750, 3 vol. in-fol. mar. rou. fil. tr. dor.

270. **Grapaldi** (Franc. Marii) de partibus aedium lexicon utilissimum. Basileae, 1533 in-4, cart.

271. **Grivaud de la Vincelle** (C. M.). Recueil de monumens antiques, la plupart inédits, et découverts dans l'ancienne Gaule. Paris, 1817, 2 vol. in-4, 40 pl. dem. cuir de Russie à coins.

272. **Herculanensia;** or archeological and philological dis-

sertations, containing a manuscript found among the ruins of Herculaneum (by W. Drummond and R. Walpole). London, 1810 in-4, 3 pl. dem. cuir de Russie à coins.

273. **Hirt** (A.), Geschichte der bildenden Künste bei den Alten. Berlin, 1833 in-8, dem. rel.

274. **Hoeck** (Carl Frid. Christ.). Veteris Mediae et Persiae monumenta. Gottingae, 1818 in-4, 8 pl. v. fil.

275. **Hope** (Th.). Costume of the ancients. Lond., 1809, 2 vol. in-4, 200 pl. dem. v. f.

276. **Jahn** (Otto). Beschreibung der Vasensammlung König Ludwigs in der Pinakothek zu München. München, 1854 in-8, 11 pl. br. n. rog. *(CCXLVI, 389 pp.).*
C'est ouvrage très distingué est précédé d'un traité général sur la connaissance des vases, le plus complet qui existe.

277. **Jahn** (Otto). Die Wandgemälde des Columbariums in der Villa Pamfili mit Erläuterungen. München, 1857 in-4, 7 pl. br.
Extr. des mém. de l'Acad. roy. de Munich.

278. **Ichnographia** villae Tiburtinae Hadriani Caesaris, olim a P. Ligorio descripta, postea a Fr. Continio edita cum ital. vers. Romae, 1751, in-fol. plan, cart.

279. **(Ignara,** Nic.). De palaestra Neapolitana commentarius in inscriptionem athleticam Neapoli a. 1764 detectam. Ad calcem operis adnectitur de Buthysiae agone Puteolano dissertatio. Neapoli, 1770 in-4, v. m. fil. tr. dor. *(331 pp.).*

280. **Jorio** (Andr. de). Notizie su gli scavi di Ercolano. Napoli, 1827, fig. $=$ Plan de Pompéi et remarques sur ses édifices par le Chan. de Jorio. Naples, 1828, fig. in-8, fig. dem. rel.

281. **Junii** (Fr.) de pictura veterum libri tres. Roterodami, R. Leers, 1694, in-fol., v. f. fil. tr. dor.
La meilleure édition de cet ouvrage estimé.

282. **Klenze** (Leo von). Aphoristische Bemerkungen gesammelt auf seiner Reise nach Griechenland. Berlin, 1838, gr. in-8, cart. avec un atlas de 6 pl. gr. in-fol.

283. **La Chau** (de) et **Le Blond**. Description des princi-

pales pierres gravées du cabinet du duc d'Orléans. Paris,
1780—84, 2 vol. pet. in-fol. fig. mar. vert, dent. tr. dor.

284. **La Chau** (de).   Dissertation sur les attributs de Vénus.
Paris, Prault, 1776 in-4, fig. v. m. fil. tr. dor.
Avec la figure de la Vénus Anadyomene.

285. **La Faye** (de). Recherches sur la préparation que les Romains donnaient à la chaux.   Paris, Impr. Roy., 1777.
= Mémoire pour servir de suite aux recherches sur la
préparation que les Romains donnaient à la chaux, par
le même. Paris, J. R., 1778 in-8, mar. rou. fil. tr. dor.

286. **La Faye** (de).   Recherches sur la préparation que les
Romains donnoient à la chaux.   Paris, Impr. R., 1777
in-8, v. fauve, fil. dent. tr. dor.

287. **Layard** (Austen Henry).   Niniveh and its remains,
with an account of a visit to the Chaldaean christians of
Kurdistan, and the Yezidis, or Devil worshippers. Second
edit. London, 1849, 2 vol. gr. in-8, pap. vél. fig. mar.
vert, fil. tr. dor. *(Très bel exemplaire)*.

288. **Leake** (Will.).   The topography of Athens with some
remarks on its antiquities.   London, 1821 in-8, avec
1 vol. de pl. cart. non r.

289. **Le Roy** (Jul. Dav.).   Les ruines des plus beaux monuments de la Grèce. Sec. édit.   Paris, 1770, 2 vol.
in-fol. max. pl. mar. vert, fil. tr. dor. *(Armoiries)*.

290. **Letronne** (A. J.).   La statue vocale de Memnon, con-
sidérée dans ses rapports avec l'Égypte et la Grèce. Paris,
1833 in-4, 3 pl. dem. cuir de Russie à coins.

291. **Luetzow** (Karl Fr. Arn.).   Zur Geschichte des Orna-
mentes an den bemalten griechischen Thongefässen. München, 1858 in-8, 3 pl. br.

292. **Macarii** (Joannis) Abraxas seu Apistopistus; quae est
antiquaria de gemmis basilidianis disquisitio. Antverpiae,
off. Plant., 1657 in-4, parch.

293. **Madden** (R. R.).   The shrines and sepulchres of the
old and new world; Records of pilgrimages in many
lands and researches connected with the history of places

remarkables for memorials of the dead, or monuments of a sacred character. London, 1851 in-8, fig. 2 vol. dem. mar. vert.

294. **Maier** (Anton). Genaue Beschreibung der unter dem Namen der Teufelsmauer bekannten römischen Landmarkung. 4 mémoires avec 9 pl. gr. in-4. *(Complet.)*
Extr. des mém. de l'Acad. de Munich.

295. **Marcolini** (F. M.). Sulle mummie di Venzone. Milano, 1831 in-8, 14 pl. dem. v. rac.

296. **Mariette** (P. J.). Traité des pierres gravées (avec une bibliothèque dactyliographique). Paris, 1750, 2 vol. pet. in-fol. pap. d'Holl. fig. mar. rou. fil. tr. dor.

297. **Marliani** (Barth.) urbis Romae topographia accurate, tum ex veterum, tum etiam recentiorum auctorum fontibus hausta. Venetiis, 1588 in-12, fig. en bois, dem. *(Reliure fatiguée.)*

298. **Mercklin** (Ludw.). Die Talos-Sage und das Sardonische Lachen. Ein Beitrag zur Geschichte griechischer Sage und Kunst. St. Petersb., 1851 in-4, 2 pl. br.
Extr. des mém. des savants étrangers.

299. **Meyer** (Heinr.). Geschichte der bildenden Künste bei den Griechen von ihrem Ursprunge bis zum höchsten Flor. Dresden, 1824, 3 vol. gr. in-8, demi-cuir de Russie, n. rog. avec 1 vol. de pl.

300. **Millin** (A. L.). Monumens antiques inédits ou nouvellement expliqués. Paris, Impr. Imp. 1803, 2 vol. in-4, avec 92 pl., demi-v., n. rog.

301. **Müller's** (K. O.) Handbuch der Archaeologie der Kunst. Breslau, 1830 gr. in-8. d. v. ant.

302. **Müller** (Christian). Roms Campagna in Beziehung auf alte Geschichte, Dichtung und Kunst. Leipzig, 1824, 2 tom. en 1 vol. in-8. demi-rel.

303. **Müller** (Christ.). Das Forum Romanum und die Via Sacra. Aus dem Ital. Stuttgart, 1824, 1 pl. cart.

304. **Münter's** (Fr.) antiquarische Abhandlungen. Kopenhagen, 1816 in 8, avec 5 pl. v. ant. fil.

305. **Muratori** (Lod. Ant.). Dissertazioni sopra le antichità
Italiane. Milano, 1751 in-4, 3 vol. parch.

306. **Murphy** (James Cavanah). The arabian monuments of
Spain. London, 1813, anno heg. 1228, 1 vol. in-fol.
max. 97 pl. dem. mar. à coins, tr. dor.

307. **Museum** (the British). Elgin and Phigaleian marbles.
London, 1833, 2 tom. en 1 vol. in-12, fig. demi-mar.
(Library of entertaining knowledge).

308. **Musei Kirkeriani** in romano soc. Jesu collegio aerea
notis illustrata (a P. Contuccio). Romae, 1763-65, 2 tom.
en 1 vol. in-fol., fig. mar. rou. fil. tr. dor.
Ouvrage très estimé et peu commun.

309. **Museum Etrusque** de Lucien Bonaparte, prince de
Canino. Fouilles de 1828 et 1829. Vases peints avec
inscriptions. Viterbe, 1829, gr. in-4, fig. cart. n. rog.

310. **Nardi** (Fam.). Roma antica. Roma, 1704, gr. in-4, fig.
mar. rou. dent. tr. dor. *(Aux armes de Clement XI.)*

311. **Natter** (Laur.). Traité de la méthode antique de graver
en pierres fines comparée avec la méthode moderne et
expliquée en diverses planches. Londres, 1755 in-fol.,
37 fig. bas.
Très estimé.

312. **Nibby** (Ant.). Viaggio antiquario ne' contorni di Roma.
Roma, 1819, 2 vol. in-8, fig. dem. v. f.

313. **Paciaudi** (Paul.). Monumenta Peloponnesia commentariis
explicata. Romae. ex typogr. Palladis, 1761, 2 vol. in-4,
gr. pap., avec fig. dans le texte, dem.-mar. v.
Ouvrage très estimé.

314. **Paciaudi.** Lettres au comte de Caylus, avec un appendice, des notes et un essai sur la vie et les écrits de
cet antiquaire Italien, par A. Sérieys; ornées de 2 pl.
Paris, H. Tardieu, an XI (1802) in-8, v. rac. fil.

315. **Passeri** (Joh. Bapt.) de pueri Etrusci aheneo simulacro
a Clemente XIII. in museum Vaticanum inlato dissertatio.
Romae, 1771 in-4, fig. parch. fil.

316. **Passeri** (J. B.) Picturae Etruscorum in vasculis. Romae,
1767—75, 3 vol. in-fol., 300 pl. v. rac. fil.

317. **Petit-Radel.** Recherches sur les monuments cyclopéens.
Description de la collection des modèles en relief com-
posant la' galerie pelasque de la bibl. Mazarine.   Paris,
I. R., 1841 gr. in-8. fig. dem. v. rac.

318. **Picturae** antiquissimi Virgiliani codicis bibl. Vaticanae
a Petro Sancte Bartoli aere incisae; accedunt ex insig-
nioribus pinacothecis picturae aliae, veteres gemmae et
anaglypha, quibus celebriora Virgilii loca illustrantur.
Romae, Monaldini, 1782 in-4, 124 pl., cuir de Russie,
fil. tr. dor.
   Ouvrage curieux et peu commun.

319. **Piranesi** (Gio. Batt.).   Della magnificenza ed architectura de' Romani. Roma, 1761, 38 pl. $=$ Osservazioni
di G. B. Piranesi sopra la lettre de M. Mariette aux
auteurs de la gazette littéraire de l'Europe. Roma, 1765
in-fol. avec fig. et 9 pl. bas. fil. *(Armoiries)*.

320. **Piranesi.** Antiquités de la Grande - Grèce, aujourd'hui
royaume de Naples, gravées par Fr. Piranesi, expliquées
par A. J. Guattani. Paris, an XII. gr. in-fol., 2 tom. en
1 vol. (Antiquités de Pompéia.) cart. *(Rel. fatiguée.)*
   Le texte n'a jamais été publié.

321. **Pittakys** (K. S.). L'ancienne Athènes, ou la description
des antiquités d'Athènes et de ses environs. Athènes, 1835
in-8, 1 pl. dem. mar. n. *(Avec l'autographe de l'auteur.)*

322. **Placentini** (Greg.) de siglis veterum Graecorum opus
et de Tusculano Ciceronis Bas. Cardoni disceptatio apo-
logetica. Romae, 1757 in-4, v. f. fil. tr. dor.

323. **Pompeii.** Lond., 1831 in-12, 2 tom. en 1 vol. dem.
cuir de Russie. *(Library of entertaining knowledge.)*

324. **Quatremère de Quincy.** Le Jupiter Olympien, ou
l'art de la sculpture antique. Paris, De Bure, 1815 gr.
in-fol. fig. col. mar. rou. fil. tr. dor. *(Très bel exempl.)*

325. **Quatremère de Quincy.** Restitution des deux fron-
tons du temple de Minerve à Athènes. Paris, 1825, gr.
in-4, pl. cart. n. rog. pap. vél.

326. **Rám Ráz.** Essay on the architecture of the Hindús.
With 48 plates. London, 1834 in-4. dem. v. n.

327. Rangabé (A. R.). Antiquités Helléniques ou répertoire d'inscriptions et d'autres antiquités découvertes depuis l'affranchissement de la Grèce. Athènes, 1842 in-4, avec 10 pl. et une carte, dem.-cuir de Russie à coins. . .

328. Raoul-Rochette. Peintures antiques inédites, précedées de recherches sur l'emploi de la peinture dans la décoration des édifices sacrés et publics chez les Grecs et chez les Romains. Paris, I. R., 1836 in-4, avec 15 pl. mar. rou. dent. tr. dor. *(Aux armes de France.)*

329. Raoul-Rochette. Tableau des catacombes de Rome. Paris, 1837 in-8, avec 8 pl. (manque la 6ème). dem. v. v.

330. Raoul-Rochette. Troisième mémoire sur les antiquités chrétiennes des catacombes. Paris, I. R. 1838 in-4, avec une grav. et 9 pl. dem. v. br.

331. Recherches sur l'origine, l'esprit et les progrès des arts dans la Grèce (par Pierre Fr. Hugues, dit d'Hancarville). Londres, B. Appleyard, 1785, 3 vol. gr. in-4, fig. v. rac.

332. Riccy (G. A.). Osservazioni archeologiche sopra un antico mausoleo consolare incavato nel monte Albano presso il convento di Palazzola. Roma, 1828 in-4, portr. 5 pl. dem. cuir de Russie à coins.

333. Ricerche sopra un Apolline della villa del card. Ales. Albani (par Stef. Raffei). Roma, 1772 in-fol. fig. demi-v.

334. Ricerche sopra una pietra preziosa della veste pontificale di Aarone. Milano, 1814 in-fol. br.

335. Rich (Claud. J.). Memoirs on the ruins of Babylon. With three plates. 2. ed. London, 1816 in-8, dem. v. bl.

336. Riche (J. C.). Voyage aux ruines de Babylone, orné de 4 gravures; trad. et enrichi d'observations par J. Raimond. Paris, 1818 in-8, dem. v. f.

337. Romanelli (Dom.). Viaggio a Pompei a Pesto e di ritorno ad Ercolano ed a Pozzuoli. Ed. 2. Napoli, 1817, 2 vol. in-8, avec 1 pl. dem. rel.

338. Ross (Ludwig). Archäologische Aufsätze. Erste Sammlung. (Griechische Gräber. Ausgrabungsberichte aus Athen. Zur Kunstgeschichte und Topographie von Athen und Attika.)

3*

Leipz., 1855, avec 8 pl. col. et 6 noir. et fig. en bois, dem. rel.

Il n'a paru que ce premier recueil.

339. **Rossignol** (Jean-Pierre). Trois dissertations. Sur l'inscription de Delphes, citée par Pline; sur l'ouvrage d'Anaximènes de Lampsaque, intitulé: des peintures antiques; sur la signature des oeuvres de l'art chez les anciens. Paris, 1850 in-8, fig. dem. v.

340. **Rosso** (Gius. del). Ricerche sull' architettura Egiziana. Ed. seconda aumentata e corretta. Siena, 1800 in-8, dem. mar. v.

341. **Ruines** (les) de Palmyre, autrement dite Tedmor au désert (publ. par Dawkins et R. Wood). Paris, 1819 in-4, 57 pl. dem. v. f.

Ouvrage d'une exécution magnifique, comme le suivant.

342. **Ruins** (the) of Balbec, otherwise Heliopolis in Coelosyria. London, 1757 in-fol., 46 pl., cuir de Russie, fil.

343. **Ryequii** (J.) de capitolio Romano commentarius. Lugd. Bat. 1669 in-16, avec pl. vélin.

344. **Sandrart** (Joach. v.). Romae antiquae et novae theatrum illustratum. Des alten und neuen Roms grosser Schau-Platz. Nürnberg, 1685, 59 pl. == Ejusdem sculpturae veteris admiranda, sive delineatio vera perfectissimarum eminentissimarumque statuarum. Norimbergae, 1680, beaucoup de pl. En 1 vol. in-fol. bas.

345. **Sappho und Alkaios**, ein altgriechisches Vasengemälde. Wien, 1822 in-fol. 5 pl. cart.

346. **Schnaase** (Carl). Geschichte der bildenden Künste bei den Alten. Düsseldorf, 1843, 2 vol. in-8, demi-rel.

347. **Schorn** (Ludw.). Ueber die Studien der griechischen Künstler. Heidelberg, 1818, pet. in-8, dem. toile angl.

348. **Schorn** (L.). Versuch einer vollständigen Erklärung der Bildwerke an dem römischen Denkmal in Igel. Avec appendice par J. A. Schmeller et 2 grandes pl. 2 pièces in-4, br.

Extr. des mém. de l'Acad. roy. de Munich.

349. **(Scotti**, Ang. Ant.). Illustrazione di un vaso Italo-Greco del museo di Mons. arcivescovo di Taranto. Napoli, 1811 in-4, 2 pl. br.

350. **(Seller**, Ab.).   The antiquities of Palmyra, containing the history of the city and its emperors. London, 1696 in-8, bas.

351. **Serradifalco** (Dom. lo Faso Pietrasanta, duca di). Le antichità della Sicilia esposte ed illustrate.   Palermo, 1834, 4 vol. in-fol. pap. vél. dem. mar. rou.
Ouvrage très important.

352. **Sickler** (F. K. L.).   Geschichte der Wegnahme und Abführung vorzüglicher Kunstwerke aus den eroberten Ländern in die Länder der Sieger.   Gotha, 1803 in-8, bas. Th. 1.   Geschichte der von den Griechen, Persern und Römern erbeuteten Kunstwerke. *(le seul publié.)* = L. Völkel.   Ueber die Wegführung der Kunstwerke aus den eroberten Ländern nach Rom.   Leipz., 1798 in-8 cart.   Ensemble 2 vol.

353. **Siebenkees** (J. Ph.).   Handbuch der Archaeologie. Nürnberg, 1799 in-8, br.

354. **Somorrostro** (Andres Gomez de). El acueducto y otras antiguedades de Segovia.   Madrid, 1820 in-fol., fig. dem. v. f.

355. **Spon** (Jac.) et G. **Wheler**, Voyage d'Italie, de Dalmatie, de Grèce et du Levant, fait aux années 1675 et 1676.   A la Haye, 1724, 2 vol. in-12, pl. v. f. fil. dent. tr. dor. *(Très joli exempl., rel. par Köhler).* = Lettres écrites sur une dissertation d'un voyage de Grèce, publié par Mr. Spon. Paris, 1679 in-12, bas. Ensemble 3 vol.

356. **Spon.** Recherches curieuses d'antiquités, contenues en plusieurs dissertations sur des médailles, bas-reliefs etc. Lyon, 1683 in-4, fig. dem. mar vert.

357. **Stosch** (Ferd.) antiquitatum Thyatirenarum libri duo. Zwollae, 1763 in-8, cart.

358. **Thiersch** (Fr.).   Ueber das Erechtheum auf der Akropolis in Athen.   2 Abtheilungen nebst einer Beilage architectonischer Zeichnungen.   München, 1852, avec 10 pl. = Le même. Epicrisis der neuesten Untersuchungen des Erechtheums auf der Akropolis zu Athen. Mün-

chen, 1857, avec 7 pl. == Le même. Ueber das οἴκημα bei Pausanias. Eine Beilage zur Epikrisis. München, 1857. 3 pièces in-4, br. *(Complet)*.
Extr. des mém. de l'Acad. roy. de Munich.

359. **Thiersch** (Friedrich), über Henkel irdener Geschirre mit Inschriften und Fabrikzeichen aus Athen, avec 4 pl. == Ueber die hellenischen bemalten Vasen mit Rücksicht auf die Sammlung des Königs Ludwig von Bayern, von F. Thiersch, avec 6 pl. == Ueber die vasa murrina der Alten, von F. Thiersch, avec 3 pl. col. == Ueber das Grabmal des Alyattes, von F. Thiersch. 4 pièces, gr. in-4, br.
Extr. des mém. de l'Acad. roy. de Munich.

360. **Ulrichs** (H. N.), Professor zu Athen. Ueber die Städte Crissa und Cirrha, avec 1 carte. == Le même. Tempel der Ergane auf der Akropolis von Athen. 2 pl. == Le même. Topographie von Theben. 1 pl. == Le même. Topographie der Häfen von Athen. 1 cart. == Ueber die Topographie von Delphi von Fr. Thiersch. 3 pl. == Ueber das Vorgebirg Taenaron von Karl Bursian. München, 1855, 6 pièces in-4, br.
Extr. des mém. de l'Acad. roy. de Munich.

361. **Ungarelli** (A. M.). Interpretatio obeliscorum urbis, ad Gregorium XVI. Romae, 1842, 1 vol. et 1 vol. de pl. in-fol. papier vél., mar. rou. dent. riche.

362. **Visconti** (Ennio-Quir.). Il Museo Pio-Clementino. Milano, 1818—22, avec 621 pl. 7 vol. == Il Museo Chiaramonti. Milano, 1820, avec 79 pl. == Iconografia Greca, trad. da Gio. Labus. Milano, 1823—25, avec 180 pl. 3 vol. == Iconografia Romana, trad. dal franc. Milano, 1818. Le 1er vol. *(Le seul publié de cette traduction)*. Ensemble 12 vol. gr. in-8, demi.-v. n. rog. *(Reliure uniforme)*.

363. **Visconti.** Iconographie grecque. Paris, P. Didot l'ainé, 1811, 3 vol. gr. in-4, demi-v.f. avec un atlas gr. in-fol.

364. **Visconti.** Iconographie romaine. Tom. 1—3. Paris. P. Didot l'ainé, 1817—26 in-4, demi-v. f. avec atlas.

365. **Visconti**. Il Museo Chiaramonti. Milano, 1820 gr. in-8, pl. dem. mar. rou.

366. **Visconti** (E. Quir.). Osservazioni su due musaici antichi istoriati. Parma, dalla reale tipogr., 1788 in-8, avec 2 pl. v. f. fil. dent. tr. dor. *(Bel exemplaire)*.

367. **Visconti.** Le même ouvrage, tiré sur gr. pap. in-4, cart. n. rog.

368. **Wagner's** (Joh. Mart.) Bericht über die aeginetischen Bildwerke. Mit kunstgeschichtlichen Anmerkungen von Schelling. Stuttgart, 1817 pet. in-8, cart.

369. **Wathen** (G. H.). Arts, antiquities and chronology of ancient Egypt. With illustrations. London, 1843 in-8, mar. bl. fil. dent. doub. en tab. tr. dor.

370. **Welcker** (F. G.). Das akademische Kunstmuseum zu Bonn. Zweite, stark vermehrte Ausgabe. Bonn, 1841 gr. in-8, br.

371. **Wiegmann** (R.). Die Malerei der Alten in ihrer Anwendung und Technik, insbesondere als Decorationsmalerei. Nebst einer Vorrede von K. O. Müller. Hannover, 1836 in-8, br.

372. **Winkelmann's** (Joh.) Geschichte der Kunst des Alterthums. Wien, 1776 in-4, 2 vol. cart. = Anmerkungen. Erster Theil *(le seul publié)*. Dresden, 1767 in-4, cart.

373. **Winkelmann** (Giov.). Storia delle arti del disegno presso gli antichi, trad. dal Tedesco, corretta dall' ab. Carlo Fea. Roma, Pagliarini, 1783, 3 vol. in-4, fig. v. f. rich. ornem. tr. dor.

374. **Winkelmann** (G.). Storia delle arti del disegno etc. Milano, 1779, 2 vol. in-4, avec 18 pl. mar. v. fil. dent. tr. dor.
Bel exemplaire sur papier vél.

375. **Winckelmann** (G.). Monumenti antichi inediti spiegati ed illustrati. Roma, 1767, 2 vol. in-fol. avec 208 pl. demi-vél.
Ouvrage très recherché, comme le suivant.

376. **Winckelmann.** Description des pierres gravées du feu baron de Stosch. Florence, 1760 pet. in-4, cart.

377. **Winckelmann's** Werke, herausgegeben von C. L. Fernow. Mit dem Portrait Winckelmanns und 16 Kupfern. Dresden, 1808—20, 8 vol. in-8, cart.

378. **Winkelmann** (Joh.). Briefe an einen seiner vertrautesten Freunde in den Jahren 1756—1768. Berlin u. Stettin, 1781, 2 tom. en 1 vol. in-8, dem. rel. *Édition originale.* = J. Winkelmann's letzte Lebenswoche, von Dom. v. Rosetti. Ein Beitrag zu dessen Biographie Mit einer Vorrede von Boettiger und einem Facsimile Winkelmann's. Dresden, 1818, in-8, br.

379. **Zoëga** (Georg), de origine et usu obeliscorum. Romae, Lazzarini, 1797 in-fol. avec pl. v. ant. fil. dent. à froid.

 Ouvrage très estimé.

380. **Zoëga.** Li bassirilievi antichi di Roma, incisi da Tom. Piroli colle illustrazioni di G. Zoëga, publ. in Roma da Pietro Piranesi. Roma, 1808, 2 vol. gr. in-4, avec 115 pl. pap. vél. dem. mar. n. rog.

 Ouvrage très estimé.

381. **Zoëga's** Abhandlungen, herausgegeben und mit Zusätzen begleitet von Fr. Gottl. Welcker. Göttingen, 1817 in-8, avec 5 pl. d. v. f.

382. **Recueil** de 7 pièces.

 Osservazioni sui monumenti delle belle arti che rappresentano Leda, del cav. Fea. Roma, 1802, gr. in-8, fig. = Ueber den Reichthum der Griechen an plastischen Kunstwerken und die Ursachen desselben, von Fr. Jacobs. München, 1810 in-4. = Conradi Levezow, de juvenis adorantis signo ex aere antiquo hactenus in regia Berolinensi, nunc autem Lutetiae Parisiorum conspicuo commentatio. Berolini, 1808 in-4, 1 pl. = Di un busto colossale in marmo di Caio Cilnio Mecenate. Illustrazioni dei Sign. Visconti, Cicognara, Missirini, Raoul-Rochette. Parigi, 1837 in-8, fig. = Sul simulacro di Venere trovato in Siracusa, da Raff. Politi. Palermo, 1826 in-8, 4 pl. = Mémoire sur les représentations figurées du personnage d'Atlas, par Raoul-Rochette. Paris, 1835 in-8, 1 pl. = Lettre à M. L. de Klenze sur une statue de héros attique récemment découverte à Athènes, par Raoul-Rochette. Paris, 1837 in-8, avec 1 pl.

383. Recueil de 5 pièces.

Die Gemälde des Polygnotos in der Lesche zu Delphi, von Otto Jahn. Kiel, 1841 in-8. = Joh. Chr. Kochii dissertatio de cultu serpentum apud antiquos variis animadversionibus ornata. Lips. 1718, in-4. = (Joh. Henr. Leichii) de diptychis veterum, et de diptycho eminentissimi Quirini diatribe. Lips., 1743 in-4. = Descrizione di alcuni vasi fittili antichi della collezione Jatta con brevi dilucidazioni, da G. Minervini. Parte prima. Divinità. Napoli, 1846 in-8. = Monumenti indici del museo Naniano, descr. da Paolino da S. Bartolomeo. Padova, 1799 in-4, avec 1 pl.

384. Recueil de 5 pièces.

Rapport sur divers monuments et sur plusieurs excursions archéologiques. Par M. de Caumont. Paris, 1855 in-8, fig. et pl. br. = Sur l'origine du Zodiaque grec et sur plusieurs points de l'astronomie et de la chronologie des Chaldéens. Par M. Letronne. Paris, 1840 in-4, br. = Mélanges d'antiquités grecques et romaines, ou observations sur plusieurs bas-reliefs antiques du musée royal du Louvre. Par M. de Clarac. Paris, 1830 in-8, br. (*80 pp.*) = Lettre à M. Schorn, professeur d'archéologie à l'université de Munich, par M. Raoul-Rochette. Paris, 1832 in-8. = Dissertation sur un monument antique découvert à Lyon. Lyon, 1705 pet. in-12, fig.

385. Recueil de 7 pièces.

H. Cannegieter, de gemma Bentinckiana, item de Iside ad Turnacum inventa nec non de dea Burorina. Traj. ad Rhen., 1764 in-8, 1 pl. = Della Trabia: Lettera al professore Scinà sopra una patera d'oro. s. l. ni d. in-8, 1 pl. = J. H. Eggelingii mysteria Cereris et Bacchi in vasculo ex uno onyche. Bremae, 1682 in-4, 1 pl. = Erklärungsversuch einer noch nicht bekannt gemachten Abraxasgemme (von K. Morgenstern). Dorpat, 1843 in-4. = Ueber das Onyxgefäss in der k. preuss. Sammlung geschnittener Steine zu Berlin, von Fr. Thiersch. in-4, 2 pl. = Ueber die Gorgonen-Fabel, oder Erklärung eines etrurischen Bronce-Reliefs in der Glyptothek zu München, von Fr. Streber. München, 1834 in-4, 1 pl. = Th. C. F. Tafel: De marmore viridi veterum. in-4.

386. Recueil de 7 pièces.

Lettre de Barthélemy à M. le marquis Olivieri, au sujet de quelques monuments phéniciens. Paris, 1766 in-4, 4 pl. = Nouvelles observations sur le grand bas-relief Mithriaque de la collection Borghèse, par Fél. Lajard. Paris, 1828 in-4. = Explication d'une coupe Sassanide inédite, par Adr. de Longpérier. Paris, 1844 in-8, 1 pl. br. = Frid. Muenteri epistola ad Sergium ab Ouvaroff de monumentis aliquot veteribus scriptis et figuratis penes se exstantibus. Hafniae, 1822 in-4, cart. = Notice des monuments exposés dans la galerie d'antiquités égyptiennes au musée du Louvre, par Emm. de Rougé. Paris, 1849 in-8.

= Monumenti indici del musco Naniano, descr. da Paolino da
S. Bartolomeo. Padova, 1799 in-4, avec 1 pl. = Réponses de
l'auteur des découvertes dans la Troade aux observations critiques,
publiées sur cet ouvrage dans le journal des savants par M.
Raoul-Rochette (par Mauduit). Paris, 1841 in-4.

III. Epigraphie.

387. **Ameilhon.** Éclaircissemens sur l'inscription grecque du
monument trouvé à Rosette. Paris, 1803 in-4, 1 pl.
dem. v. f.

388. **Apiani** (P.) inscriptiones sacrosanctae vetustatis. Ingol-
stadii, 1534 in-fol., fig. en bois, dem. rel. *(Rare).*

389. **Bonada** (M.). Anthologia seu collectio omnium veterum
inscriptionum poeticarum tam graec., quam lat. in antiquis lapidibus sculptorum. Romae, 1751 in-4, 2 vol. demi-
vél. n. rog.

390. **Carpentier** (D. P.). Alphabetum Tironianum, seu notas
Tironis explicandi methodus. Lutet. Par., 1747, **gr.** in-
fol. fig. v. m. fil. *(Aux armes de France.)*

391. **Chishull** (Edm.). Inscriptio Sigea antiquissima βουστρο-
φηδòν exarata. Lugd. Bat., 1727 in-8, dem. v. f.

392. **Chronicon Parium** graece et latine. Ed. C. Fr. Chr.
Wagner. Marburgi, 1832 in-4, dem. cuir de Russie à coins.

393. **Corpus inscriptionum Graecarum.** Auctoritate et im-
pensis acad. Borussicae ed. Aug. Boeckh, contin. Jo. Franz
et E. Curtius. Berolini 1828—1856. Vol. I. II. III. et IV,
1. gr. in-fol., demi-cuir de Russie à coins.
  La 1ère partie du 1ème vol. est brochée; la sec. part. du 4ème
vol., la quelle n'a pas encore paru, finira ce grand ouvrage.

394. **Dichiarazione** di una tavola ospitale ritrovata in Roma
sopra il monte Aventino. Roma, 1777 in-4., pl. demi-vél.

395. **Epigrammata** antiquae urbis (coll. Jac. Mazochius).
Romae, apud J. Mazochium, 1521 in-fol. fig., rel. en bois,
dem.-cuir de Russie. *(Rare.)*

396. **Falconer** (Oct.). Inscriptiones athleticae nuper repertae,
quibus accesserunt aliae ex Africanis marmoribus recens
descriptae, una cum dissertatione de nummo Apamensi.
Romae, 1668, pet. in-4, dem. rel.

397. **Fastorum** anni Romani a Verrio Flacco ordinatorum
reliquiae ex marmorearum tabularum fragmentis Praeneste
nuper effossis collectae et illustratae cura P. F. (Fogginii).
Romae, 1779 in-fol. fig. cart.

398. **Fleetwood** (Guil.), inscriptionum antiquarum sylloge, in
duas partes distributa. London, 1691 in-8, vél.

399. **(Furlanetto,** Gius.). Le antiche lapidi Patavine illustrate.
Padova, 1847, 2 vol. in-8, dem. cuir de Russie à coins.
Le sec. vol. contient 78 pl.

400. **Gruteri** (J.) inscriptiones antiquae totius orbis Romani
in absolutissimum corpus redactae. Amstel., 1707, 4 tomes
en 2 vol. v. gr.
C'est la meilleure édition de cet ouvrage important.

401. **Hultmanni** (J. A.) miscellaneorum epigraphicorum liber
singularis. Zutphaniae, 1758 in-8, v. gr. f. dent. ornem.
tr. dor.

402. **Jannellii** (Cat.) tentamen hermeneuticum in Etruscas inscriptiones. Neapoli, reg. typogr., 1840 in-8, demi-v.

403. **Inscriptiones** antiquae in Etruriae urbibus exstantes,
cum notis A. M. Salvinii, cura et studio A. F. Gorii.
Florentiae, 1727—43, 3 vol. gr. in-4, fig. parch.
Le 3ème vol. de cet ouvrage important manque souvent.

404. **Kellermanni** (Olai), vigilum Romanorum latercula duo
Coelimontana magnam partem militiae Romanae explicantia.
Romae, 1835, gr. in-4, 2 pl. br.
Important pour la connaissance de l'art militaire chez les
Romains.

405. **Kyriaci** Anconitani itinerarium. Ed. Laur. Mehus. Florent.,
1742 in-8 cart. n. rog.
Ouvrage curieux pour chacun, qui s'occupe de l'étude des
inscriptions.

406. **Lama** (P. de). Tavola alimentaria Velejate, detta Trajana, restituita alla sua vera lezione. Parma, 1819 in-4, br. n. rog.

407. **Letronne.** Recueil des inscriptions grecques et latines de l'Égypte. Paris, I. R., 1842, 2 vol. in-4, dem. mar. rou., avec 1 vol. de 17 pl. cart.

408. **Marini** (Gaet.). Gli Atti e monumenti de' fratelli Arvali. Roma, 1795, 2 vol., gr. in-4, avec pl., dem. mar. bl. Ouvrage très estimé.

409. **Marini** (G.). Iscrizioni antiche delle ville e de' palazzi Albani. Roma, 1785 in-4, dem. rel.

410. **Marmora** Pisaurensia, notis illustrata (ab Ann. Oliverio). Pisauri, 1738 pet. in-fol. fig. parch.

411. **Marmorum** Arundellianorum, Seldenianorum aliorumque academiae Oxoniensi donatorum, cum variis commentariis et indice, secunda editio (cur. M. Maittaire). Londini, 1732, pet. in-fol. v m. fil.

412. **Mazochii** (Al. Symm.) commentarii in regii Herculanensis musei aeneas tabulas Heracleenses. Neapoli, 1754—55, 2 tom. en 1 vol. gr. in-fol., avec pl. bas.

413. **Mazochii** (A. S.) in vetus marmoreum S. Neapolitanae ecclesiae Kalendarium commentarius. Neapoli, 1744, 3 vol. in-4, fig. parch.

414. **Mazochii** (A. S.) in mutilum Campani amphitheatri titulum aliasque nonnullas Campanas inscriptiones commentarius. Neapoli, 1727, pet. in-4, fig. bas.

415. **Mazochii** (A. S.) ad Bern. Tanuccium epistola, qua ad XXX virorum clariss. de *dedicatione sub ascia* commentationes integrae recenseutur. Neapoli, 1739 in-8, fig. v. m.

416. **Monuments** d'antiquité figurée, recueillis en Grèce etc. expl. par Ph. Le Bas. 2e cahier: Argolide et Laconie. 3e cahier: Argolide. Paris, 1837, pl. — Inscriptions Grecques et Latines recueillies en Grèce etc. expl. par Ph. Le Bas. 5e cahier: Iles de la mer Égée, 1839.

1er cahier: Messénie et Arcadie. 1835. 2e cahier: Laconie. 1836. — Restitution et explication des inscriptions Grecques de la grotte de la Vipère de Cagliari etc., par Ph. Le Bas. 1840. — Explication d'une inscription Grecque de l'île d'Égine par Ph. Le Bas. 1842. — Rel. en 1 vol. in-8, pl. dem. v. ant.

417. **Monumentum** sive Columbarium libertorum et servorum Liviae Augustae et Caesarum Romae detectum a. 1726 ab Ant. Fr. Gorio, notis illustratum A. M. Salvinio. Florentiae, 1727 in-fol. fig. v. br.

418. **Morcelli** (Steph. Ant.) de stilo inscriptionum latin. libri IV. Romae, 1780 in-4, v. rac. fil. = Inscriptiones commentariis subj. Romae, 1783 in-4, dem. rel. = Πάρεργον inscriptionum novissimarum ab a. 1784, Andr. Andreii cura editum. Patavii, 1818 in-4, cart. Ens. 3 vol.

419. **Niebuhr** (B. G.). Inscriptiones Nubienses. Romae, 1820 in-4, cart.

420. **Norisii** (Henr.) cenotaphia Pisana Caji et Lucii Caesarum dissertationibus illustrata. Pisis, 1764, 2 tom. en 1 vol. in-4, v. bl. fil. dent. à fr. *(Très-estimé)*.

421. **Osanni** (Frid.) Sylloge inscriptionum antiquarum graecarum et latinarum. Accedunt tabulae lithogr. IV. Lips. et Darmstadii, 1834 in-fol.

422. **Marmora Oxoniensia,** ex Arundellianis, Seldenianis, aliisque conflata, rec. et expl. Humphr. Prideaux. Oxonii e th. Sheld., 1676 in-fol. v. f.

423. **(Peutinger,** Conr.). Romanae vetustatis fragmenta in Augusta Vindelicorum et ejus dioecesi. Aug. Vind., Erh. Ratdolt, 1505 in-fol. mouillé. *(Très-rare)*.

424. **Peutinger** (Chuonradi) inscriptiones vetustae Rom. et earum fragmenta in Augusta Vindelicorum et ejus dioecesi. Mogunciaci, in aedibus J. Schoeffer, 1520, fig. en bois. = (Jo. Huttichii) Collectanea antiquitatum in urbe atque agro Moguntino repertarum. Moguntiae, ex aedibus J. Schoeffer, 1525, fig. en bois. 2 tom. en 1 vol. in-fol. br. *(Rare)*.

425. **Raoul-Rochette.** Deux lettres à Mylord comte d'Aberdeen sur l'authenticité des inscriptions de Fourmont. Paris, 1819 in-4, fig. br.

426. **Rénier** (Leon). Mélanges d'epigraphie. Paris, F. Didot, 1854 gr. in-8, avec 1 pl., dem. mar. vert.

427. **Senatus consulti** de Bacchanalibus sive aeneae vetustae tabulae musei Caes. Vindobonensis explicatio, auct. Matthaeo Aegyptio. Neapoli, 1729 in-fol. fig. v. m. *(Rare).*

428. **Siciliae** et objacentium insularum veterum inscriptionum nova collectio (a Castello, princ. de Torremuzza). Panormi, 1769 in-fol. parch.

429. **Siciliae** etc. inscriptionum nova collectio, prolegomenis et notis illustrata (a Castello, princ. de Torremuzza). Panormi, 1784 in-fol. fig. et pl. parch. n. rog.

430. **Spon** (Jac.). Miscellanea eruditae antiquitatis. Lugd., 1685 in-fol., peau de truie. *(Bel exempl.)*

431. **Steineri** codex inscriptionum Romanarum Rheni. Darmstadt., 1837, 2 tom. en 1 vol. in-8, dem. mar. n.

432. **Valerii** Probi grammatici de literis antiquis opusculum. s. l. ni d. in-4, br. 24 feuillets. *(Rare).* = Explicatio literarum et notarum frequentius in antiquis Romanorum monimentis occurrentium. Florentiae, 1822 in-12, br. *(94 pp.)*

433. **Velseri** (M.) inscriptiones antiquae Augustae Vindelicorum. Venetiis apud Aldum, 1590 in-4, vél.
La première moitié de l'exempl. percée d'un clou.

434. **Vermiglioli** (G. B.). Le antiche iscrizioni Perugine. Perugia, 1804—5, 2 tom. en 1 vol. gr. in-4, avec 10 pl. mar. v. fil. dent. tr. dor. *(Reliure magnifique).*

435. **(Zaccaria).** Istituzione antiquario-lapidaria o sia introduzione allo studio delle antiche latine iscrizioni. Roma, 1770 in-8, parch. *(XL et 532 pp.).*

436. **Zumptii** (Aug. Wilh.). Commentationum epigraphicarum ad antiquitates Romanas pertinentium volumina duo. Berolini, 1850—54, 2 vol. in-4, cart. dos gaufr. (le 2. vol. br.).
Ouvrage curieux et savant.

437. **Recueil** de 3 pièces.

Inscriptiones graecae ineditae. Ed. L. Rossius. 1 fasc. Insunt inscriptiones arcadicae, laconicae, argivae, corinthiae, megaricae, phocicae. Naupliae, 1834 in-4, 8 pl. = Ueber Anaphe und Anaphaeische Inschriften. Nebst einem Anhange: Inschriften von Pholegandros, von Ludw. Ross. gr. in-4. (*Extrait des mêm. de l'Acad. roy de Munich.*) = Car. Patini commentarius in tres inscriptiones graecas, Smyrna nuper allatas. Patavii, 1685 in-4, fig. et pl.

438. **Recueil** de 6 pièces.

L'antica lapida Napoletana di Tettia Casta a miglior lezione ridotta ed illustrata da G. Minervini. Napoli, 1845 in-8. = Nuove osservazioni intorno la voce Decatrenses, la quale s'incontra in alcune iscrizioni Puteolane, da Giulio Minervini. Napoli, 1852 in-4. = Sur quelques inscriptions des villes de Thagaste et de Madaure, par L. Renier. Paris, 1857 in-8. = Antiquae inscriptionis, qua L. Scipionis Barbati F. expressum est elogium, explanatio. Paris, 1617 in-4. = Les tables de bronze de Malaga et de Salpesa, trad. et annotées par Ed. Laboulaye. Paris, 1856 in-8. = Gli antichi marmi alla gente Sertoria Veronese spettanti, illustrati da G. G. Orti. Verona. 1833 in-8.

IV. Théorie de l'art. Art moderne.

439. **Antigüedades** árabes de Granada y Córdoba. (Madrid, impr. reale), in-fol. max., avec 29 pl., dont 24 relatives à Grenade et 5 pour Cordoue. cart.

Notre exempl. a la table des planches.

440. **Baldinucci** (Fil.). Notizie de' professori del disegno da Cimabue in quà. Ediz. accresc. Firenze, 1767—73 7 vol. in-4, cuir de Russie.

441. **Blondel** (François). Cours d'architecture enseigné dans l'académie royale d'architecture. Paris, de l'impr. de Lamb. Rouilland, 1675, 5 part. en 1 vol., gr. in-fol. fig. vél. (*Bel exempl. sur grand pap.*)

442. **Blum** (Hans) von Lor. Nuzlichs Säulenbuch oder kunst-mässige Beschreibung von dem gebrauch der V Säulen. Zürich, 1662 in-fol. pl. cart.

443. **Boeckler** (G. A.). Architectura curiosa nova. Das ist: Neue ergötzliche . . . Bau- und Wasserkunst. Nürnberg (1664), in-fol., 4 tom. en 1 vol., avec 155 pl. peau de truie.

444. **Boisserée** (Sulpiz). Denkmale der Baukunst vom 7ten bis zum 13ten Jahrhundert am Nieder-Rhein. München, 1833 in-fol., 72 pl. dem. cuir de Russie.

445. **Boisserée** (Sulpiz). Ueber die Kaiser-Dalmatica in der St. Peterskirche zu Rom. München, 1842, avec 5 pl. dont une coloriée. (*Ex. sur grand pap.*)

446. **Boisserée** (Sulpiz). Ueber die Kaiser-Dalmatika etc. (*Exempl. ordinaire.*) = Le même. Ueber die Beschreibung des Tempels des heiligen Grales, avec 3 grav. (*Epuisé, recherché.*) Ens. 2 pièces in-4, br.

447. **Buonarruoti** (M. A.). La libreria Mediceo-Laurenziana, architettura di M. A. Buonarruoti, disegnata e ill. da G. J. Rossi. Firenze, 1739, gr. in-fol. 22 pl. dem. vél. cord.

448. **Cicognara** (Leop.). Memorie spettanti alla storia della calcografia. Prato, 1831 in-8, avec 1 vol. de 18 pl. in-fol. dem. cuir de Russie.

449. **Cranach** (L.). Des älteren Lucas Müllers, genannt Cranach, Handzeichnungen. München, 1818 in-fol., 10 pl. lith. cart.

450. **Dati** (Carlo). Vite de' pittori antichi scritte e illustrate. Napoli, 1730, pet. in-4, demi-rel.

451. **Dureri** (Alberti) de symmetria partium in rectis formis humanorum corporum libri in latinum conversi. Norimb. 1532, 2 tom. en 1 vol. in-fol., fig. en bois, dem. rel.
    Ouvrage recherché, imprimé en caractères gothiques, traduction de l'allemand.

452. **Fiorillo's** Geschichte der zeichnenden Künste von ihrer Wiederauflebung bis auf die neuesten Zeiten. Göttingen, 1798—1808. 5 vol. in-8, dem. v.

453. **Fournier** (le jeune). Dissertation sur l'origine et les progrès de l'art de graver en bois. Paris, Barbou, 1758 in-8, v. m.

454. **Furttenbach** (Jos.). Architectura universalis. Das ist: von Kriegs-, Statt- und Wasser-Gebaewen. Ulm, 1635 in-fol., 60 pl. cart.

455. **(Heinecken**, Ch. H. de). Idée générale d'une collection complette d'éstampes. Leipsic et Vienne, 1771 in-8, 28 pl. vél.
Ouvrage très estimé et recherché.

456. **(Heinecken**, C. H.). Nachrichten von Künstlern und Kunstsachen. Leipzig, 1768—69, 2 tom. avec beaucoup de pl. = Desselben neue Nachrichten, erster Band. Dresden, 1786, 2 pl. Ens. 3 vol. in-8, bas. *(Complet.)*
Dans la troisième partie de cet ouvrage curieux on trouve des notices détaillées sur la gravure en bois.

457. **Hogarth** (W.). Analyse de la beauté, destinée à fixer les idées vagues qu'on a du goût; trad. de l'anglais (par H. Jansen). Paris, 1805, 2 vol. in-8, avec 2 gr. pl. dem. cuir de Russie.

458. **Jombert** (Ch. A.). Architecture moderne, ou l'art de bien bâtir pour toutes sortes de personnes. Paris, 1728, 2 tom. en 1 vol. in-4, pl. v. f.

459. **Kugler** (Fr.). Handbuch der Geschichte der Malerei in Italien seit Constantin dem Grossen. Berl., 1837 in-8, demi-mar. fil.

460. **Labensky** (F. X.). Galerie de l'hermitage, gravé au trait d'après les plus beaux tableaux qui la composent. Avec la description historique par Camille de Genève. St. Pétersbourg, 1805, 2 vol. in-4, 65 grav. en taille douce. tom. 1. dem. cuir de Russie, tom. 2. cart.
La 6ème (dernière) livraison du sec. tome manque.

461. **Laborde** (Lion de). Histoire de la gravure en manière noire. Paris, J. Didot l'ainé, 1839, gr. in-8, avec grav. cart. n. rog.

462. **Lanzi** (Luigi). Storia pittorica della Italia dal risorgimento delle belle arti fin presso al fine del 18. secolo. Milano, 1824, 4 vol. in-8, portr. demi-v. f. f. à fr.

463. **Milizia** (Fr.). Memorie degli architetti antichi e moderni. Parma, 1781, 2 vol. in-8, cart.

464. **Montecuccoli** (L.). Storia della pittura in Espagna. Modena, 1841 in-8. dem. cuir de Russie.

465. **Murr** (Chr. Gottl. von). Journal zur Kunstgeschichte und zur allgemeinen Litteratur. Nürnberg, 1775—1790, 17 vol. pet. in-8, fig. dem. rel. = Le même. Neues Journal zur Litteratur und Kunstgeschichte. Leipzig, 1798—99, 2 tom. en 1 vol. pet. in-8. cart. *(complet).*
 Les exemplaires complets de ce journal, qui renferme un grande nombre de mémoires curieux, sont dévenus très-rares.

466. **Pungileoni** (L.). Memorie istoriche di Antonio Allegri detto il Correggio. Parma, 1817—21, 3 vol. in-8, dem. cuir de Russie.

467. **Putei** (Pozzo) Andreae Perspectiva pictorum et architectorum (ital. et lat.). Romae, 1700—1702, 2 tom. en 1 vol. in-fol., 116 fig. bas.

468. **Quatremère de Quincy.** Essai sur la nature, le but et les moyens de l'imitation dans les beaux arts. Paris, 1823, gr. in-8, v. rac. dent.

469. **Quatremère de Quincy.** Canova et ses ouvrages, ou mémoires historiques sur la vie et les travaux de ce célèbre artiste. Paris, 1834 in-8, portr. mar. r. gauf. fil. dent. tr. dor. *(Exempl. magnifique de Louis-Philippe).*

470. **Quatremère.** Le même ouvrage, 2ème édit. 1836, gr. in-8, portr. v. f. à nerfs.

471. **Quatremère de Quincy.** Histoire de la vie et des ouvrages de Raphaël. Paris, 1824 in-8, portr. et fig. mar. rou. fil. tr. dor.

472. **Riegeri** (Chr.) universae architecturae civilis elementa. Vindob., 1756. = Ejusdem universae architecturae militaris elementa. Vindob., 1758. 2 tom. en 1 vol. in-4, 2 grav. et 37 pl., peau de truie.

473. **Sandrart** (J. J. de). Altaria et sacella varia templorum Romae. Norimbergae, s. d. in-fol., 39 pl. cart.

474. **Sandrart** (Joach. v.). Teutsche Academie der Bau- Bildhauer- und Maler-Kunst, worinn die Regeln und Lehrsätze dieser Künste gegeben werden etc. Nebst den Lebensbeschreibungen der Künstler und der Anzeige ihrer vornehmsten Werke. Neu herausgegeben und verbessert

von Joh. Jac. Volkmann. Nürnberg, 1768—75, 8 vol. gr. in-fol., avec beaucoup de pl., bas.
> Exempl. bien conservé de cet ouvrage estimé.

475. **Sandrart** (J. J. de). Insignium Romae templorum prospectus exteriores et interiores. Norimbergae s. d., in-fol., 73 pl. cart.

476. **Schelling** (F. W. J.). Ueber das Verhältniss der bildenden Künste zu der Natur. München, 1807 in-8. pap. fort, br.

477. **Selvatico** (Pietro) Estense, sulla cappellina degli Scrovegni nell' arena di Padova e sui freschi di Giotto in essa dipinti. Padova, 1836 in-8, 20 pl. br.

478. **Serlii** (Seb.), von der Architectur fuenff Buecher. Basel, 1609 in-fol. avec beaucoup de pl., peau de truie.

479. **Serlio** (Sabastiano). Il primo libro d'architettura. Le premier livre d'architecture, mis en langue françoyse par Jehan Martin. Paris, 1545. = Il secondo libro di perspettia, le sec. livre de perspective, mis en langue françoise par Jehan Martin. s. l. 1545. = Il terzo livro, nel qual si figurano e descrivono le antiquita di Roma, e le altre che sono in Italia e fuori de Italia. Venetia, 1544 (la dernière page porte la date de 1551). = Regole generali di architettura sopra le cinque maniere de gli edifici. Venetia (1544). = Quinto livro d'architettura, nel quale si tratta di diverse forme de tempii sacri secondo il costume christiano. Venetia (1551). 5 tom. en 1 vol. in-fol. avec beaucoup de fig. en bois, peau de truie.

480. **Serlio** (Seb.) Extraordinario libro di architettura. Venetia, 1561 in-fol., 48 pl. bas.
> C'est le 6e livre d'architecture de Serlio.

481. **Serlii** (Seb.) architecturae liber septimus, in quo multa explicantur, quae architecto possunt occurrere. Francof., 1575 in-fol., beaucoup de pl. vél. *(Armoiries)*.

482. **Vasari** (Giorgio). Opere. Firenze, S. Audin e Comp., 1822, 6 vol. in-8, portr. grav. au trait, v. f. fil. têtedor. *(Hering et Muller.)*

483. **Vitet** (L.). Études sur les beaux arts, essais d'archéologie et fragments littéraires. Paris, 1847, 2 vol. in-8, v. v. gauf. fil. chiffres.

484. **Weber** (Giovanni Dav.). Epistola ad Emmanuele Antonio Cigogna intorno alle colonne akritane e loro monogrammi esistenti dinanzi la cappella di San Giovanni della chiesa di S. Marco di Venezia. Venezia, 1826 in-4, 1 pl. br.

485. **Wilhelm** (Joh.). Architectura civilis, oder Beschreibung und Vorreissung vieler vornehmer Dachwerck. Nürnberg, s. d. 2 tom. en 1 vol. in-fol. 74 pl. v. br. *(Armoiries)*.

374 — retiso —
377 — 15 —
387 — retiso —
388 — retiso —
6 — retiso —
7 — retiso —
6 — retiso —
410 — retiso —
411 — retiso —
412 — retiso —
416 — retiso —
418 — retiso —
422 — retiso —
427 — retiso —
430 — 12 —
431 — 9 —
432 — retiso —
446 — retiso —
6 — retiso —
65 — retiso —
72 — retiso —
484 — retiso —
86 — retiso —

[illegible]

[illegible]   9 [illegible]
[illegible]   14 [illegible]   [illegible] retire [illegible]
[illegible]   10 10   [illegible] 10 [illegible]
[illegible]   40 [illegible]   [illegible] retire [illegible]
[illegible]   retire [illegible]   [illegible] retire [illegible]
[illegible]   retire [illegible]   retire [illegible]
[illegible]   1 50 [illegible]   [illegible] retire [illegible]
[illegible]   15 10 [illegible]   retire [illegible]
[illegible]   retire [illegible]   retire [illegible]
[illegible]   retire [illegible]   retire [illegible]
[illegible]   retire [illegible]   retire [illegible]
[illegible]   retire [illegible]   retire [illegible]
[illegible]   retire [illegible]   retire [illegible]
[illegible]   retire [illegible]   retire [illegible]
[illegible]   retire [illegible]   35 retire [illegible]
[illegible]   retire [illegible]   [illegible]
[illegible]   retire [illegible]   retire [illegible]
[illegible]   retire [illegible]   retire [illegible]
[illegible]   3 [illegible]   retire [illegible]
[illegible]   retire [illegible]   retire [illegible]
[illegible]   retire [illegible]   retire [illegible]
[illegible]   retire [illegible]   retire [illegible]
     retire [illegible]

Bibliothèque de M. Qua[tremère]
Bibliothèque royale de Mu[nich]

La vente de la deuxième
Quatremère a eu lieu du 3 au
vendue à la fin de 1858, était de p[...]
contraire, devroit vivement exciter
tous les pays. M. Ch. Halm, [biblio]
[=thèque] royale de Munich, après a[voir]
[préa]lablement acquise de M. Étienne Quat[remère]
[=sement] possédait déjà et les avroi[t]
ajouté à cette portion, déjà attrayant
la section des anciens doublets de la
vente a derniers choix surtout que à
notre connaître. Une remarque qu[e]
les deux tiers de la vente, sont cond[...]
[=fec]tions plus ou moins graves, or
élevés, relativement à la nature
genre de livres n'avoit pas encor[e]
et la place nous manquent au
compte rendu détaillé de toutes
importance qui ont eu lieu pen[dant la]
vente; nous nous arrêterons [seulement]
sous le titre de: Livres imprimés
catalogue. Nous mentionnons c[eux qui]
ont été mis sur table

[...] Quinzième Victoria d'Italie

Bibliothèque de M. Quatremère et doubles de la Bibliothèque royale de Munich. 2ᵉ Partie. 1859.

La vente de la deuxième partie de la bibliothèque Quatremère a eu lieu du 3 au 19 février. La première partie, vendue à la fin de 1858, était de peu d'importance; celle-ci, au contraire, devait vivement exciter l'attention des amateurs de tous les pays. M. Ch. Halm, conservateur en chef de la Bibliothèque royale de Munich, après avoir extrait de la collection nouvellement acquise de M. Étienne Quatremère les ouvrages que cet établissement possédait déjà et les avoir considérés comme doubles, a ajouté à cette portion, déjà attrayante, une série de livres dans la section des anciens doubles de la Bibliothèque de Munich, et c'est ce dernier choix surtout qui a attiré nos regards et même notre convoitise. Une remarque qu'il est utile de constater, c'est que les deux tiers de la vente, sous condition de reliure et avec des imperfections plus ou moins graves, ont atteint néanmoins des prix élevés, relativement à la nature des exemplaires; prix que ce genre de livres n'a obtenu pas encore obtenus en France. Le temps et la place nous manquent aujourd'hui pour donner un compte rendu détaillé de toutes les adjudications de quelque importance qui ont eu lieu pendant ces quinze soirées de vente; nous nous arrêterons seulement à la section comprise sous le titre de: Livres imprimés sur vélin, qui termine le catalogue. Nous mentionnons ces articles dans l'ordre où ils ont été mis sur table.

2749. Guicciardini. Istoria d'Italia, imprimé à Bâle en 1819; 4 vol. — Relié sur la mise à prix de 200 fr., qui n'a été couverte par aucune enchère.

2748. Anacréon. Traduction publiée par Gail 1799; in 4°, mar. violet, reliure de Thouvenin. Relié de la vente sur la mise à prix de 150 fr.

2747. Landsordnung der Fürstlichen Grafschaft. Beau volume, imprimé à Tubingue en 1526. — 270 fr. M. Techener.

2746. Reformacion del bayrischen Landrechts... Imprimé à Munich en 1518; in fol. — 199 fr. à M. Techener.

2745. Bartholomé Odeporicon. Imprimé à Vienne en 1515; Incomplet de 3 feuillets; — 156 fr. à M. Vieweg.

2744. Breviarium Augustanum. Imprimé à Venise en 1485; petit in 8°, relié en bois. — 400 fr. Adjugé à M. Giraud de Savine.

2743. Missale Romanum. Imprimé à Nuremberg en 1484 — 580 fr. à M. Giraud de Savine.

2742. Gratiani decretum cum apparatu Barthol. Imprimé à Mayence en 1472; in fol. Ce volume est de la plus grande beauté, sous le double rapport de la conservation et de l'exécution typographique. Il est resté à 2900 fr., à M. Descharrys bibliothécaire de M. Solar, et nous lui en tenons d'avantage.

2741. Bonafacius, Sacra VIII. Liber Sextus Decretalium. Imprimé à Mayence en 1470; in fol. par Pierre Schoiffer. Il a été adjugé au prix de 460 fr. à M. Techener. Les amateurs l'ont laissé à ce prix modique, à cause de plusieurs taches annoncées et de quelques réparations d'importance et coûteuses que l'état du livre nécessite.

2740. Justiniani Institutionum Libri IV. Imprimé à Mayence, par Pierre Schoiffer, en 1468. Volume relié en parchemin, et d'une admirable conservation. C'était le joyau de la vente. Il a été acquis, au prix de 5400 fr., par M. Descharrys, pour la bibliothèque, désormais célèbre, de M. Solar.

2739. Durandus. Rationale divinorum officiorum. Imprimé par Fust, à Mayence, en 1459. — Ce volume, évidemment des plus précieux, est malheureusement taché d'humidité; mais il est complet, et les réparations habiles que l'acquéreur se propose d'y faire lui rendront sa première fraîcheur et conserveront pour long temps encore ce vénérable monument de l'art typographique. Le nouveau propriétaire est M. Ambroise Firmin Didot, un de nos amateurs les plus distingués et qui fait partie de la Société de bibliophiles français. Plusieurs concurrents s'étaient retirés devant le vif désir de M. Didot de combler cette lacune de cette importance dans sa collection, pour laquelle il avait déjà lutté à une vente à Augsbourg l'année dernière. Il lui a été adjugé à 4,600 fr.

2738. Historia Veteris Testamenti, sive Biblia pauperum. Xylographe. Divisé en deux sections (Se'rie d'une collection d'estampes), mais dont la conservation laissait à désirer sous plusieurs rapports. Adjugé au prix de 1910 fr. à M. Vinery.

La Séance s'est terminée au milieu d'un concours d'ama=
=teurs et de libraires attentifs et inquiets. Ce résultat est
un véritable succès remporté aujourd'hui par les bibliophiles
françois seuls et sans l'intervention d'aucun étranger, d'au=
=cune concurrence angloise. Il nous est donc enfin permis
de nous enorgueillir de posséder en France des bibliothèques
comme nous en avions autrefois, et comme on en admire
encore aujourd'hui en Angleterre. Il n'y aura pas seulement
des cabinets exclusifs de petites spécialités, on ne dédaignera
plus les grandes collections des écrivains sacrés et profanes,
on appréciera à leur valeur ces livres évidemment précieux, pre=
=miers produits de l'imprimerie au 15e siècle, et on désirera que
les principales divisions de la bibliographie soient à peu près
=toutes représentées sur les rayons des bibliothèques.

Breviarium Auguestanum. Imprimé à Venise en 1481;
petit in 8°, relié en bois. — 400 fr. Adjugé à M. Giraud
de Savine.

Missale Romanum. Imprimé à Nuremberg en
1484 — 580. fr. à M. Giraud de Savine.

Gratiani decretum cum apparatu Bartholi. Imprimé à Mayence en 1472; in fol. Ce volume est de la
plus grande beauté, sous le double rapport de la conservation et de l'exécution typographique. Il est resté à
2900. fr., à M. Deschamps bibliothécaire de M. Solar;
et nous l'estimons d'avantage.

Bonafacius, Sagra VIII. Liber sextus Decretalium.
Imprimé à Mayence en 1470; in fol. par Pierre Schoiffer.
Il a été adjugé au prix de 460 fr. à M. Techener. Les amateurs l'ont laissé à ce prix modique, à cause de plusieurs
taches annoncées et de quelques réparations importantes
et coûteuses que l'état du livre nécessite.

Justiniani Institutionum Libri IV. Imprimé à Mayence,
par Pierre Schoiffer, en 1468. Volume relié en parchemin;
et d'une admirable conservation: C'était le joyau de la vente.
Il a été acquis, au prix de 5400 fr, par M. Deschramps,
pour la bibliothèque, désormais célèbre de M. Solar.

Durandus. Rationale Divinorum officiorum. Imprimé
par Fust, à Mayence; en 1459. — Ce volume, évidemment
des plus précieux, est malheureusement taché d'humidité;
mais il est complet, et les réparations habiles que l'acquéreur se propose d'y faire lui rendront sa première fraîcheur
et conserveront pour longtemps encore ce vénérable monument
de l'art typographique. Le nouveau propriétaire est M.
Ambroise Firmin Didot, un de nos amateurs les plus
distingués et qui fait partie de la Société de bibliophiles
français: Plusieurs concevrons le légitime et
le vif désir de M. Didot de combler cette lacune de cette
importance dans sa collection pour laquelle il avait déjà
lutté à une vente à Augsbourg l'année dernière. Il lui
a été adjugé à 4,600 fr.

Novi Testamenti, sive Biblia pauperum—

La Séance s'est terminée au
=teurs et de Libraires attentifs et in
un véritable succès remporté aujou
françois seuls et sans l'intervention
=cune concurrence angloise. Il nou
de nous enorgueillir de posséder en
comme nous en avions autrefois
encore aujourd'hui en Angleterre. J
des cabinets exclusifs de petites spéc
plus les grandes collections des écr
en appréciés à leur valeur les livres
=miers produits de l'imprimerie au
les principales divisions de la biblio
toutes représentées sur les rayons des bi